LYDIA CABRERA

Por qué...
CUENTOS NEGROS DE CUBA

Copyright © 1972 by Lydia Cabrera

Colección del Chicherekú en el exilio

EDICIONES UNIVERSAL
P.O. Box 450353 (Shenandoah Station)
Miami, FL 33245-0353. USA
e-mail: ediciones@ediciones.com
http://www.ediciones.com

ISBN # 978-1-59388-346-1

Todos los derechos
son reservados. Ninguna parte de
este libro puede ser reproducida o transmitida
en ninguna forma o por ningún medio electrónico o mecánico,
incluyendo fotocopiadoras, grabadoras o sistemas computarizados,
sin el permiso por escrito del autor, excepto en el caso de
breves citas incorporadas en artículos críticos o en
revistas. Para obtener información diríjase a
Ediciones Universal.

Por qué...

CUENTOS NEGROS DE CUBA

Colección del Chicherukú en el exilio

A María Teresa de Rojas.

Por qué...

HAY HOMBRES BLANCOS, PARDOS Y NEGROS

Quién fabricó el mundo, hizo a los hombres de un mismo color. Y tuvo a bien hacerlos prietos con la lama oscura del primer lagunajo que formó en la tierra la primera lluvia.
Quien fabricó el mundo andaba entonces con frecuencia por el mundo nuevo. Bajaba del Cielo de muy buen grado y se complacía en regalar a sus criaturas. Les enseñaba algunos oficios; muchas cosas buenas que luego se olvidaron. Si alguien, un animal, un árbol, un mineral, se tenía por desgraciado, el Creador en persona lo consolaba y remediaba. Y así fue como una vez halló a tres hermanos que conversaban comiendo frutas en un vergel, y al oír que uno de ellos, el más pequeño de los tres, refiriéndose al color de su piel decía:
—«No quisiera ser oscuro, sino blanco como el día», Olofi intervino:
—«Pues yo sé de una poza» —dijo «cuyas aguas preparadas por mí, si así lo deseas, emblanquecerían inmediatamente tu piel.» Y sin hacerse rogar, Dios condujo a los tres hermanos a una charca de agua helada.
Mientras el segundo, habiéndole advertido el Crea-

dor que el agua era extremadamente fría, pero milagrosa, reflexionaba: —«Veremos: si es cierto que estas agua blanquean, me bañaré»; el mayor ya pensaba distraído en otra cosa, el más joven se sumergió resueltamente en la poza y cuanto más se lavaba y chapoteaba:

«¡Brú-ú-ú-ú
Chuámbula-chuámbula-wechené
Chuámbula-chuámbula-wechené
Chuámbula-chuámbula!»

más claro se volvía. Hasta que enteramente blanco de la cabeza a los pies, bello como el día salió del baño.

El que pensó: «Veremos... si estas aguas blanquean me bañare», al presenciar la maravillosa transformación de su hermano menor, se apresuró a entrar, y remedando sus gestos hizo lo mismo que él. Pero, «blaf-blaf-pla», el agua ya no cantaba alegre, abundante, cristalina; estaba revuelta y sucia de cieno. Palideció un poco su tez, y mulato salió del baño.

El mayor no halló agua, sino fango; se lavó las plantas de los pies, y el hueco de las manos, que se destiñeron bastante. Por lo demás, quedó tan negro como antes.

El pequeño, llenándose de orgullo, envalentonado, dijo para sí:

—«¡Soy muy superior a mis hermanos! ¡Serán mis esclavos! El color de mi piel es el color de Olofi. Dios es blanco —como yo, y en su nombre los someteré a mi voluntad» —y en alta voz—: «Me llamaré Eléyibbó». Desgajó la rama de un árbol y, en el nombre de Dios, les molió los huesos a golpes.

El segundo, humillado, sofocado por el miedo y el despecho, concibió desde entonces un odio implacable, una envidia secreta que se resumía en admiración enconada y sin límites por su hermano blanco. Despreció entonces a su hermano negro y, convertido en un arrendajo del blanco, desahogó su rabia sobre él a puntapiés.

Dijo el mulato para sus adentros:

—«Mi color, por muy poco podía haber sido también el color de Dios. En nombre del hermano blanco a mi vez te someteré, negro, pues valgo más que tú por el asomo de blancura que llevo en mi piel. Y quién sabe si algún día, si vuelvo a bañarme en una poza de agua milagrosa, me vengaré de mi hermano blanco y para siempre acabaré contigo.» Y en alta voz:

—«Me llamo... Kucundukú.»

El negro muy abatido se contentó con decir:

—«Negro era. Negro soy. Mi nombre es Erú.»

(Erú, en aquel entonces, no tenía los cabellos tan duros ni tan rizados como hoy. No era tampoco desnarigado y bocudo.)

—«Ya no somos hermanos: sois mis esclavos» —dijo el hermano blanco.

A Kucundukú lo llevó consigo para que le sirviera; le confió el cuidado de su persona y de su vivienda. A Erú lo envió al campo, le encargó los trabajos más duros y penosos. Jamás le permitía que se le acercara. No lo consideraba muy diferente de sus bestias. Olvidó que tenía un alma. Temía que el contacto de su hermano pudiera de nuevo tiznar su piel.

Un día que Erú, siempre solo, despreciado —profundamente desgraciado porque el blanco no perdía ocasión de castigarle y el mulato de injuriarle— se lamentaba amargamente de su suerte en un muladar, el Diablo tuvo compasión de él.

—«¡Pobre negro!» —exclamó el Diablo— «nadie te quiere, pero yo que soy tan negro e indeseable como tú, te querré un poco», y con sus dedos de fuego acarició la cabeza del esclavo, chamuscándole los cabellos para siempre.

Huyó Erú al sentir su cabeza quemada, tropezó con un tronco, cayó de bruces y se aplastó la nariz.

Había enhoramala, en aquel tronco podrido, un inmenso alacrán que al sentirse tan bruscamente importunado, le clavó en la boca el aguijón, abultando desmesuradamente sus labios para siempre.

Y he aquí por qué hay blancos, mulatos y negros.

Por qué Olofi, comprendiendo que había cometido una ligereza, dijo: —«¡Buena la he hecho!»— y desde entonces, celoso de su tranquilidad se ausentó del mundo de los hombres para siempre.

Y por qué el negro, que es el hermano más viejo, no puede dejar de decirle al blanco: «Niño», y antes le decía «Amito», que si el negro es bondadoso ya lo tiene perdonado.

SE CERRARON Y VOLVIERON A ABRIRSE LOS CAMINOS DE LA ISLA

Ya se plantaban las cañas dulces; ya estaban los trapiches, las vegas y cafetales; pero de esto hace mucho, mucho tiempo —¿quién se acuerda, si ya no van quedando negros viejos para contarlo ni quien lo quiera oír?— se cerraron misteriosamente, se borraron todos los caminos de Cuba. Y es que nadie, impunemente, por una causa incomprensible, podía transitar por ellos.

Aquellos que cruzaban las lindes de sus fincas, los que se alejaban de sus pueblos, dejaban atrás sus caseríos o su bohío solitario, no retornaban nunca.

Toda comunicación entre los habitantes del país, aún entre aledaños, se hizo impracticable. Cada cual vivía cautivo en su lugar. Viajar era morir. El terror a Ikú, apostada al comienzo de las rutas desvanecidas, la Ikú aguardando en todas direcciones, hizo de cada pueblo, de cada hacienda, de cada sitio, de cada casa, rica o pobre, un mundo aparte y cerrado; cárceles, cuyas murallas invisibles, murallas de aire, transparentes como la luz del día, sin embargo, eran infranqueables...

De un extremo a otro de la isla, la vida quedó

estancada. Y todos los hombres se apesadumbraron; sin grillos, sin azotes, sin mayoral, los blancos, mirando al horizonte, se sintieron esclavos; los que eran costeños y vivían tierra adentro, lloraban si el viento hacía cantar los árboles como cantan las olas; y los que estaban junto al mar y eran de tierra adentro, tampoco podían contener ahora sus sollozos cuando oían cantar al mar con la voz de sus bosques; por el mar moría el hombre de los montes y de las sierras; el hombre del mar moría por la tierra inaccesible.

Al huir y borrarse los caminos, desaparecieron también los anhelos, los sueños, las esperanzas; los corazones se enmustiaron y se enfermaba de tristeza, de aburrimiento, de nostalgia. Pero muchos hombres valerosos, espíritus demasiado inquietos para soportar la pesadumbre de aquel extraño cautiverio, éstos que en todo tiempo preferían el infortunio a una felicidad monótona, se marchaban de sus predios fingiendo que tomaban por patarata —historia de Cocos y Moringa, buenas para amedrentar sólo a los niños—, la evidencia de un peligro desconocido, pero al que a poco de andar por la tierra sin caminos, sucumbía el viajero.

Ya era hora —decían— de rebelarse contra aquel destino; hora de vencer el miedo, de vencer la muerte, derribando las angustiosas barreras transparentes.

De éstos no retornó ni uno...

Vivía allá por la Vuelta Abajo, en el asiento de un cafetal abandonado, con otros negros que ocupaban las fábricas ruinosas, o sus bohíos de vara-en-tierra, una pareja africana; mas ¿quién se acordaría de sus nombres?

El dueño de la hacienda, un hombre activo y lleno de ambición, había partido un día, desesperado, en un caballo cuatralbo. Su hijo único, un Mayoral y algunos fieles esclavos, armados hasta los dientes, el caballero cubierto el pecho de escapularios y de amuletos los negros, marcharon luego en su busca. Nunca más volvieron. La «niña», el ama, esperándolos había muerto de pena. Los negros la enterraron al pie de uno de los mangos frondosos que antes formaban con los naranjos —en una tierra excelente ahora invadida por las malezas, las bejuqueras y las yayas—, las calles y guardarrayas majestuosas del cafetal.

Veinte años, quizá más, debían haber pasado desde entonces. Veinte hijos, que en este tiempo, engendraron aquellos dos africanos. Veinte, entre varones y hembras.

Les nacía un varón, crecía sano y fuerte y en cuanto era talludo venía a decir a su padre:

—«Babamí, mó fo iaddé»; me voy... ¡pájaro no quiere vivir en jaula!», y quieras que no, se marchaba, escabulléndose como una jutía por el maniguazo.

La pobre negra gemía inconsolable: —«¡Omó, omó, úmbo, chón chón, chón!» (¡Ay, mi hijo se va andando!)

Así perdieron estos negros todos sus hijos varones.

Ya viejos los dos, la mujer, sin haberse apercibido de su estado, parió jimaguas. Ibeyes.

La alegría de una conga centenaria, que hacía las veces de Reina en aquel palenque fortuito, donde había negros de varias naciones, no tuvo límites al contemplar a los jimaguas que dormían cobijados por unas yaguas secas, en las cuatro tablas de palma tendidas sobre dos maderos cruzados que les servía de yacija:

«¡Yé yé yé, lukénde, yéyé
yéyé, lukénde, yéyé!»

cantó la vieja; y se armó el más alegre zarambeque que en veinte años resonara en aquel lugar.

Cada Ibeye traía al cuello un collar de perlas de azabache con una cruz de asta. En nada podía diferenciarse un Ibeye del otro. Eran idénticos, como dos granos de café.

El que nació primero se llamó Taewo y el que nació después se llamó Kaínde.

A los dos les brillaba una luz vivísima en el pecho. Esta luz que venía con ellos al mundo —decían los viejos del perdido cafetal— era marca divina del Señor Obatalá.

La madre cuidó de estos hijos milagrosos con pasión reverente. Todos mimaban y agasajaban a los Ibeyes; las mujeres velaban por ellos como su propia madre. Venían del Cielo: a los jimaguas los envía Oloddumare, son una gracia de Olórun. Príncipes, hermanos o hijos de Lúbbeo, Changó Orisha, —el que es Fuerte entre los Fuertes, heredero universal de Olofi, el Creador de vida—; son ellos los únicos niños que acaricia Yansa, la lívida Señora de los cementerios.

Los alimentaban con frutas y palomas blancas, los bañaban con yerbas de olor, ungían sus cuerpos con manteca de corojo. Para honrarlos al nacer se hicieron grandes ceremonias; para contentarlos, se les bailaba y cantaba los cantos que son suyos. Mas así que crecieron, alegres y revoltosos —estrechamente unidos e iguales— y alcanzaron el alto de un caimitillo, los Jimaguas le dijeron al viejo Taita las mismas palabras que antaño, uno a uno, habían pronunciado sus hermanos.

—«Babamí mó fó iaddé...»

Al escucharlos comenzó a gemir la madre y con ella todas las mujeres que tanto los amaban.

—«¡Mis Ibeyes! ¡ay! ¡ahora se van también mis Ibeyes: a morir se van mis Ibeyes!»... y he aquí que la conga más que centenaria, un podrigorio que ya no veía, ni entendía ni podía tenerse derecha, se irguió repentina sobre su miseria. Una corriente de vida por unos instantes impulsó su corazón, desentumió milagrosamente sus brazos, dio firmeza y soltura a sus piernas inútiles. Remozada y fuerte sobre sus pies, no en tenguerengue, sino arrogante como en los días en que era el mejor «caballo» de Siete Rayos, con frescura increíble se alzó la voz de la vieja rediviva dominando el coro plañidero de las mujeres. Se trocaron los llantos en cantos de alegría.

«¡Yé yé yé, lukénde, yé yé!»

En torno a dos platos de madera exactamente iguales, las negras alborozadas batieron palmas: llorando y riendo a la vez de contento, bailaron la ronda saltada de los Ibeyes —el baile que regocija a los Jimaguas, el baile de las Mamá Chuchas—, mientras éstos se alejaban por las maniguas veladas.

Si los caminos, atajos, dereceras, anchas veredas o delgados trillos, se habían cerrado, y luego marejadas de yerba, montes firmes y vírgenes se los habían tragado a todos, era, decían los zahoríes o los brujos que hablaban con los dioses y los muertos, por culpa de un ogro o un Diablo.

Este Diablo, Okurri Borokú, cruel y caprichoso, uno y mil a la vez, apenas el viandante recorría un trecho largo, le salía al encuentro, pretendía someterlo a una prueba en la cual invariablemente fracasaba, y se lo comía.

Siete días anduvieron los Jimaguas por la broza espesa.

Las breñas se desenmarañaban para dejarlos pasar y luego volvían a intrincarse estrechamente: en estos siete días con sus siete noches dormidas en paz al amparo de cedros, ácanas, jocumas o yabas, bajo enredaderas sin maldad, no ocurrió absolutamente nada.

A presencia de los Ibeyes desaparecían Chichicate, Manuelita y Guao, los tres palos malvados del bosque. Luego marcharon a cielo abierto por tierra llana, pedregosa, olorosa a esparto y granadillo. Lejos asomaron unas lomas; subieron costeándolas; y desde una cumbre contemplaron el mar. Otros siete días anduvieron por la sierra, y al descender de mañana, hallaron en la garganta de un pequeño valle, al Diablo inmóvil en una talanquera, entre dos enormes montones de huesos humanos.

Parecía dormir de pie profundamente, con el mismo sueño del valle, como en un sopor de eternidad y de pesado silencio. Muy cerca ya del terrible guardiero, un Jimagua —Taewo— deslizadizo y rápido como una lagartija, se ocultó en la espesa yerba botija (esta yerba, lo mismo que Anamú, la maloliente, tiene virtud de deshacer lo Malo).

El diablo entreabrió los ojos en aquel momento. Era un viejo gigantesco, horroroso, de cara cuadrada partida verticalmente a dos colores, blanco de muerte y rojo violento de sangre fresca. La boca sin reborde, abierta de oreja a oreja; los dientes pelados, agudos, eran del largo de un cuchillo de monte. Kaínde, al notar que el demonio cerraba de nuevo los ojos sin ánimo de salirse de su soñera, se le allegó resueltamente y asiéndolo por uno de los negros plumeros o de las cuerdas que llovían de sus hombros, lo zarandeó de duro.

—«¡Arriba, Taita, despierte!» —gritó el chiquillo insolente, con todas sus fuerzas.

—«Mújú-mújú» —refunfuñó el ogro viejo, estirándose, volviendo en sí poco a poco; y el valle apacible mugió como un toro.

—«¡Mokenkén!» —exclamó luego sorprendido al ver al negrito—. «¿Qué has venido a hacer aquí? ¿Sabes mi ley? Mokenkén ¡mira mi diente! Debe hacer muchos años que duermo. ¡Ya nadie cruza por aquí! ¡Me parece que debe hacer muchos años

que no saboreo carne humana! Y despierto con hambre, mokenkén ¡mira mi diente!»
—«Déjame pasar! —contestó dulcemente el Ibeye—. «¡Abreme el camino!»
—«¡Oddára! Pero antes tendrás que tocar mi guitarra y hacerme bailar hasta que me canse. Si tu son es bueno y me complace y demuestras tocando ser más resistente que el diablo, pasarás. Si no, ¡yéun!, te comeré. ¡Mira mi diente, mokenkén! Esta es mi ley» —y el diablo comenzó a arañar furiosamente en su costado hasta abrirse en la carne un gran huraco; hundió las manos hasta el puño en la herida y se extrajo de bajo las costillas, una guitarrita que entregó al muchacho.

Este templó las cuerdas y comenzó a tocar:

«Dínguirin - Dínguirin - Dínguirin - Dínguirin - Dínguirin - Dínguirin - Dínguirin - Dínguirin - drín.
   Dea Mamandéa dea mamandellín
   Dea Mamandéa dea mamandellín
      Dinguirín dinguirín
   Dea Mamadéea dea mamandellín.»

—«¡Ah!» —dijo el diablo enrojeciendo de pies a cabeza y alargando las orejas—, «Esto me gusta mokenkén. Bailaremos.» Y bailó dos, tres, cuatro horas sin parar.

Sentía el Jimagua entumecerse sus dedos adoloridos y a punto de impedírsele el brazo.

—«Taita, tengo sed» —dijo al fin— «allí junto a aquel tamujo, veo un ojo de agua; déjame beber.»

—«Bebe» —contestó el Diablo.

Kaínde corrió a esconderse en lugar de su hermano. Este empuñó inmediatamente la guitarra y continuó rasgueando.

   «Dínguirin - dínguirin - dínguirin...»

Chisporroteaba el Okurri Borokú. Se paseaba mostrándose espantoso. Se estremecía, se remeneaba... Un segundo permanecía inmóvil y de pronto, avanzaba brincando y rugiendo de contento, luego recejaba sorprendido y furioso como si esquivase a otro diablo inesperado que a su vez se adelantase a embestirle.

Daba vueltas vertiginosas fijo en un mismo punto. Bailaba como una llama, incesantemente, sin sospechar que quieto, en soñarrera de tantos años, sus fuerzas habían menguado.

Horas más tarde volvió a decir el negrito:

—«Táita, quiero beber.»

—«Bebe, mokenkén. Pero, mokenkén, ¡mira mi diente!»

Volvió Taewo, que ya estaba fresco y bien repuesto. Y el diablo no daba señales de cansancio: continuaba revirándose, sacudiendo sus escamas sonoras, moviendo sus plumeros y escandalizando al valle (que tenía olvidadas aquellas danzas) con el estruendo de sus cencerros y cascabeles y los estampidos de sus explosiones.

—«Taita, ¡un poco de agua!»

—«Bebe, hijo mío. No podrás beber lo que yo bailo... Detrás del jagüey nace un río. ¡Bébete el río, mokenkén! Pero mira mi diente; mientras toques, bailará el Diablo.»

El diablo estaba contento de veras; el fuego seguía brotando de sus ojos desprendidos de las órbitas, de su boca inmensa, de su nariz movediza. Magníficas plumas de llamas salían de su trasero; y mientras el Ibeye se retiraba un instante fingiendo que bebía, continuaba bailando y ardiendo, cantándose a sí mismo.

«Dínguirin - dínguirin
dínguirin - dínguirin.»

Entonces vino Kaínde, que había hecho siesta y devorado seis palomas de doce que le ofrendó un gavilán.

Ya iba el sol de caída; ya ennegrecía, abstraído, el valle.

¡Ay! ¡Dínguirin - Dínguirin! Y otras cuatro horas pasó el Ibeye arañando las cuerdas de la guitarra. Salió la luna. Descendieron los pájaros de la oscuridad a bailar con el Diablo. Volaban en bandadas tenebrosas en torno a su cabeza moñuda. Los montones de huesos crujieron, se animaron, y el valle se llenó de las osamentas que erraban en todas direcciones, plateadas más tarde por la luna, persiguiéndose, chocando unas con otras. Y Okurri Borokú se bamboleaba, estevado, desplumado, anhelante, entontecido.

—«¡Eh, Taita, voy a echar un trago!» —y el Jimagua que tomó después la guitarra lo vio recomenzar sus vueltas tambaleándose y caer al fin, pesadamente.

—«¡Esta es tu ley!» —dijo el Ibeye—. «Mientras yo toco ha de bailar el diablo! Taita, enséñame los dientes.»

El dentón, forzando una sonrisa, una mueca de cansancio, horrenda y triste, se incorporó fatigosamente. Ya no podía con su cuerpo; ya no había lumbre en sus ojos; jadeaba, colgaba su larga lengua bífida. El muchacho lo obligó a moverse al compás de la guitarra. En el cerco de lechuzas y murciélagos que revoloteaban lúgubres en torno suyo, el diablo perdía el equilibrio, daba tumbos de borracho...

Era la media noche en el valle azul cubierto de huesos humanos.

—«El agua debe de estar muy fresca con la luna llena»—. Okurri Borokú no deseaba otra cosa: dócil, vencido, esperaba el momento en que el muchacho cesara de tocar siquiera unos instantes. Estaba desjarretado; sentía su cuerpo muerto de la cintura a los pies, medio muerto de la cintura al cuello.

Sin darse cuenta, cayó de espaldas, cara a la luna. «Dínguirin dín...gui...rin...» Oyó, muy lejos, reírse a la guitarra.

—«¡Llegó tu hora!» —dijeron a un tiempo los Ibeyes.

Iban a arrancarle las entrañas para quemarlas en una hoguera; mas allí hablaron de cruces de asta de sus collares:

—«Busca tres hierros que hallarás en el monte, una mata de malva y una cazuela de barro. Arráncale el corazón, despízcalo, májalo con las hojas y entiérralo después metido en la cazuela.»

Así lo hicieron.

Vencido el Diablo —desendiablada, libertada la isla— reaparecieron los caminos sin que fuese menester que el hombre, de nuevo, tuviese que trazarlos y rehacerlos con el sudor de su frente. Dicen también que los Ibeyes resucitaron aquella noche a cuantos se habían perdido; que por la Palma Real subieron al Cielo y le pidieron a Obatalá —que jamás les niega nada—, devolviera sus antiguos cuerpos y las almas a aquellos miles de esqueletos que yacían insepultos en el valle y en las sendas que Okurri Borokú había cerrado.

EL MOSQUITO ZUMBA EN LA OREJA

ERA una Oreja que había venido a menos. Una Oreja muy pobre y de contra tan prendada de tambores, guitarras, timbales, guayos y maracas, que se olvidaba de vender a buen precio su cerilla. O dándosela a crédito a alguna beata de su parroquia para la lamparilla de sus Santos, no se acordaba luego de cobrarla.

Que la Oreja en el bembé, la Oreja en la fiesta de Ochoa; la Oreja en las rumbantelas, la Oreja en las Claves —donde quiera que había tiroriro— y... la Oreja iba debiendo tres meses de alquiler de casa.

¡La Oreja debió seis meses de alquiler de casa!

Ya iban a bajar a la calle su cama-camera, la cama de su madre, donde había nacido. Tenía esta cama un paisaje redondo y bellísimo a la cabecera: un lago azul añil —un pato risueño, un pato-nave bogando en medio—; un cielo azul turquesa y una montaña de nácar. ¡Y aquel solemne armario de caoba maciza, enorme, muy labrado y deteriorado, con una de sus dos lunas rotas, que tanto Oreja respetaba! Porque aquel armario... Ella, ella era una pobre Oreja venida a menos; en cambio su Abuelo, ¿quién lo creyera?, su Abuelo fue caballero. Es decir, rico.

El armario le había pertenecido, y a la Oreja le habían inculcado sus mayores hasta el fondo de su alma, también venida a menos, una admiración sin límites, un respeto religioso por aquel abuelo potentado que no había conocido; al extremo, que el gran armario del abuelo y el Abuelo, llegaron a ser lo mismo para la Oreja.

¿Cómo permitir que al Abuelo, en especie de mueble, lo arrojaran a los fosos?

De modo que, en tan grave aprieto, la Oreja corrió a pedir prestado a unas primas hermanas suyas, invocando la enorgullecedora memoria, la sagrada presencia —real, tangible... abrumadora—, del asombroso antecesor; y aún estaba dispuesta a cederles en esta ocasión, para el resto de sus días, la gloriosa propiedad del armario.

Pensad: el Abuelo en la calle, expuesto a pública vergüenza, a pocas horas de la confiscación y de una muerte definitiva, irreverente, en la infamante promiscuidad de los fosos.

Fue la prima Consuelo la que respondió espléndidamente y salvó al Abuelo en tan difíciles circunstancias. Consuelo, que descansaba de día y trabajaba de noche, a veces de día y de noche, maquinalmente, y ganaba buen dinero; que cambiaba de nombre y de precio según los barrios, y cuyo único pudor consistía en guardar para sí, clandestina, su nombre verdadero: Pura, también a veces, pensaba soñadora en el abuelo.

¡Si aquel Abuelo tan rico, tan rico (de seguro que nadie en el mundo había tenido tanto dinero) no se hubiese arruinado, quizás Consuelo...

En fin, bien porque el Armario iba a ocuparle demasiado lugar en la pequeña accesoria en que vivía a la sazón, o más bien porque le daba no sabía qué íntimo reparo guardar sus ligas inconfundibles en tan austeros cajones, Consuelo renunció a la posesión de la reliquia familiar que la Oreja le ofrecía compungida. Aceptó, en cambio, la cama de hierro por más útil; el paisaje la refrescaba, la reconfortaba la sonrisa optimista de aquel pato; y le dio lo preciso para arreglar las cuentas con el casero y arrendar otra habitación en que cupiera el Abuelo.

—«En adelante» —se juró la Oreja, animada de los mejores propósitos— «trabajaré lo estrictamente necesario para pagarle un cuarto.»

Ya no tenía cama, ¿qué más le daba? Una Oreja duerme donde quiera. Se acostaría sobre la tabla del medio del armario, que bien visto, era como otra habitación y tenía cabida para todo. (Le serviría inmensamente de fiambrera, de cocina, de ropero, y sobre todo —y esto era lo esencial— de vanagloria).

Con el corazón ligero la Oreja fue a buscar el carro de la agencia de mudanzas «Prontitud y Esmero».

Aquel servicio con un solo carretón y una mula —con rosas rosadas de papel marchito en la collera, agriada por la triste experiencia que tenía del mundo y quebrantada por las dietas, los años y el trabajo a palos— lo hacía el Mosquito.

El Mosquito, como todo un carretonero, estaba aquel día borracho. Quizá un poco más que otros sábados.

—«¿Cuánto me vas a cobrar?» —le preguntó la Oreja inquieta, pues lo cierto era que del dinero de la prima Consuelo ya no le restaba ni un céntimo.

El Mosquito, pensando que aún le quedaba un medio litro de vino por beber, respondió:

—«¡Medio!»

—«¿Medio? ¿Estás seguro?»

—«¡Sí, medio!»—afirmó el Mosquito malhumorado.

—«¡Pues carga, carga inmediatamente!» —le ordenó la Oreja.

—«Se paga adelantado» —refunfuñó el borracho.

—«¡Carga primero! Alza, ¡úf!, firme, ¡diablos! ¡Eh, Mosquito, cuidado!» —y fue ardua empresa la de levantar aquel monumento que no se desarmaba, colocarlo luego de pie, y a lo largo, en el carretón.
—«¡Se paga adelantado!» —volvió a decir el Mosquito, rendido por el esfuerzo—. «Nunca he cargado cosa tan pesada. Es un castillo lo que me llevo...
—«Es...» —le aclaró la Oreja reventando de satisfacción— «¡el armario de mi abuelo!»
Luego, cuando después de otras dificultades, el Abuelo-armario quedó instalado en el nuevo domicilio de la Oreja, y Mosquito exigió el pago, ésta le confesó que no tenía dinero:
—«Mañana sin falta te pagaré.»
—«Si no me pagas» —dijo Mosquito indignado, tomando interiormente una decisión—, «Oreja, tendremos guerra!»
—«¡Mañana sin falta!»
Pero ni mañana, ni pasado mañana, ni tras pasado mañana... La Oreja olvidó aquella ínfima deuda. ¡Un medio! y volvió a distraerse de las realidades y exigencias mezquinas de la vida.
Una noche Mosquito se presentó en su cuarto.
Iba armado de una lanza cuya punta había estado aguzando todo el día.
—«¡Mi medio! ¡Oreja, mi medio!» Y la Oreja sin dinero. Sin recordar la dirección de alguna beata que le debía la cerilla.
—«¿Yo no se lo advertí acaso? Pues ya lo sabe: ¡la guerra está declarada!» Y zumbándole en redor, enredándola en la hebra pegajosa de su estribillo, le clavaba la lanza:
—«¡Mi Meeeedio! ¡Meee-dio! ¡Meee-dio!»
A partir de aquel día, de cada anochecer al alba, repetía incansable el ataque. La guerra que le hacía el mosquito duró todo el verano, hasta que la Oreja enloqueció de desesperación y de rabia.

Cuando creía que había matado al acreedor, implacable verdugo de su reposo, éste resucitaba y se burlaba de ella con nuevo lancetazo. «¡Meeedio!» Y no era la picada lo que la Oreja temía. Lo que más la encocoraba, la daba a los diablos —y acabó con ella— era la cantinela afilada, obstinada, enloquecedora del Mosquito, que enteramente dueño del silencio, cuanto más ahondaba la noche, atormentador, seguía reclamándole:

—«¡Mi meee-dio! ¡Meeedio! ¡Meeedio!»

CUNDIO BRUJERIA MALA

B RACUNDÉ era leñador.
Iba a un monte a cortar leña. En la ceja de monte, del monte-Monte-Munguela, habitaba un brujo congo, Sicongo-lundé-bantúa: congo malo del Congo Real... Y este brujo era un diablo y este diablo se llamaba Indiambo.
Todos los días Bracundé pasaba frente al bohío de Indiambo y éste le decía:
—«Maniguayala... ¿Kindiambo?» (¿Quién manda?)
Y Bracundé respondía siempre:
—«¡Inzambi!» (Dios).
La mujer de Bracundé, Diansola, solía llevarle la comida. Desde lejos oía el hacha de Bracundé cantar sobre los troncos:

«Embó embó
Embó embó
Kasique mambión
¡Tún!

Y a la entrada del bosque, el viejo cabrituno Indiambo, de ver con tanta frecuencia pasar a Diansola con su cesto en la cabeza —tan ligera y garbosa que los pájaros se decían unos a otros: «Güiri-

güiri» (¡mira, mira!) y quedaban atentos al ruido agradable que hacían sus chanclos levantando polvo:
«Chása - chása - chás - chása - chása - chás»
— se enamoró de ella. El diablo se alegraba al percibir sus pasos como el corazón de Diansola se alegraba apenas oía entre las ramas el hacha de Brakundé.

Un día se dijo Indiambo: —«Voy a apoderarme de esta mujer»; —pero a Diansola la seguía por doquier su perro Bagarabundi, y los diablos le temen al perro que jamás traiciona al amo. Y Bagarabundi adivinaba la intención de Indiambo, gruñía descubriendo oportunamente los colmillos puntiagudos cuando éste, para ver a Diansola, asomaba por un hueco de la pared de yagua, la mitad de su cara sobermeja, un cuerno de chivo, y en ascuas, un ojo vertical.

De otra parte, como Brakundé, cuando él le preguntaba:
—«Maniguayala... ¿Kindiambo?», nunca dejaba de responde —«¡Inzambi!», pensó:
—«Primero haré una «uemba» para alejar a Brakundé. Después amarraré al perro... y me robaré a Diansola.»

Quemó azufre. Fue una noche sin luna; porque el diablo trabaja las noches muy negras, cuando ni la luna lo ve... Tomó una paja de maíz, la entizó, la torció hacia afuera cantando e hizo tres lazadas muy fuertes. Y no se dirá que más hizo... Terminado el maleficio, no tardaron dos hombres, de parte de la Justicia, en prender a Brakundé.

Lo llevaron a la cárcel, a Enso-Gando y lo encerraron en un calabozo. Entonces Diansola dejó de ir al bosque.

Todos los días Diansola iba a la cárcel a llevarle de comer y, ahora, camino de la cárcel, vivía el Indiambo y Diansola forzosamente debía pasar frente a su puerta. El Indiambo preguntaba —«¿Kindiambo?» Ella contestaba: —«Inzambi!», y como Bagarabundi la acompañaba y gruñía rijoso, el Diablo no se atrevía a abordar a Diansola.

Al fin llegó el día en que Brakundé cumplió su pena. Brilló el filo del hacha que colgaba en el muro. Diansola ató a Bagarabundi y salió a reunirse con Brakundé. Por las piedras duras de la calle otra vez sonaban sus chanclos, sus pies veloces, alegres:

> chiquiri - chiquiri - chiquirichí...»
> «Chiqui chiqui chiquirichí

El Indiambo trasechaba en la mirilla y al cruzar Diansola abrió el portón, se apoderó de ella, la metió en un saco y huyó a su monte, el monte viejo de los Cedros, el monte Monte-Munguela.

Diansola gritaba dentro del saco:

—«¡Brakundé, el diablo me lleva, Brakundé!», pero el viento revoltoso que echó a correr con el diablo en dirección al monte, se llevaba sus gritos, y ni Brakundé ni nadie la oía.

Cansado de esperar a Diansola en la puerta de la cárcel, en las esquinas, Brakundé volvió solo a su casa. Bagarabundi aullaba impaciente arañando el suelo; el hacha relumbraba colgada en la pared.

Brakundé llamó a Diansola.

Diansola allá en el monte Monte-Munguela, gritaba presa forcejeando en las garras del diablo:

—«¡Brakundé, el diablo me tiene, Brakundé!
 ¡Brakundé, el diablo me goza, Brakundé!»
y sólo el perro la oía. (El Hacha... el hacha lo sabía todo).

Brakundé desató a Bagarabundi. El Hacha cayó al suelo; de rechazo, súbito, Brakundé la tuvo en su mano. Bagarabundi lo arrastraba hacia la calle y el Hacha chispeaba en su puño. Bagarabundi lo llevó al bosque y el viento que volvía del monte traía los gritos de la mujer Diansola:

—«¡Brakundé, el diablo no suelta, Brakundé!
¡Brakundé, el diablo me acaba, Brakundé!»
Abrió los brazos para apresar al viento, y éste, que le jugaba la cabeza haciendo esguinces, escapó con las palabras y los gemidos de la mujer. En la ceja del monte, Brakundé se dirigió a los muertos, a los abuelos olvidados, desconocidos, cuyas almas estaban allí en lo íntimo del bosque.

«¡Ay Diansola, Diansola kokuando bonkele
Ay Diansola Diansola
Kikirimensu Diansola
Yambrisa, fifita oyongo Lungambé
Brakundé, kandilonga, Brakundé.»

Llegó al bohío de Indianbo. La puerta estaba atrancada. Brakundé la derribó. No halló a nadie. Indiambo se había escondido en el fondo del monte, en lo recóndito, donde no se llega, donde el terror enloquece y mata. Pero Bagarabundi no tenía miedo y avanzó hasta el fin y, escapándose de su mano, el Hacha, rabiosa, tajó el espeso enredijo que formaban los brazos y las piernas y las greñas de los diablos árboles que, erizándose de púas, se apretaban y enlazaban para cerrarles el paso.

Cuando el Hacha incontenible venció a los árboles diablos y sólo quedaron en pie algunos troncos lisos, Bagarabundi condujo a su amo hasta un agujero cubierto de hojas y ramas. Allí gemía sin voz Diansola. Allí sorprendió al Indiambo lujuriando.

Bagarabundi lo apresó con sus dientes; Brakundé lo ahogó con sus manos; y el Hacha, que sólo había probado sangre verde de árbol, enrojeciendo frenética, lo cortó en pedazos.

Brakundé guardó cuidadosamente los trozos sangrantes en el mismo saco en que el diablo había encerrado a Diansola. Temiendo que aquellos miembros volvieran a unirse si se enterraban e Indiambo resucitara, Brakundé y Diansola recorrieron el mundo arrojando cada pedazo en un país distinto. Mas sin saber, iban regando la brujería mala por todas partes, pues allí donde caía un trozo, un ripio de la carne del congo cicongo-unlé-bantuá, de aquel brujo, congo malo del Congo Real —que era el Diablo— otro brujo malvado nacía. Y «Uemba» crecía, cundía por el mundo.

JICOTEA LLEVA SU CASA A CUESTAS, EL MAJA SE ARRASTRA, LA LAGARTIJA SE PEGA A LA PARED

F ÉKUE no tenía padre ni madre. La vida en el pueblo era muy dura. Huérfano, los hombres, apreciando la recia musculatura del adolescente, se creían con sobrados derechos para sacar, por humanidad, buen provecho de sus brazos. Lo abrumaban de trabajo a cambio de un plato de comida y de tarde en tarde, de alguna moneda de ínfimo valor. Trabajaba para todos, y todos le hacían la caridad de no dejarle morir de hambre —aunque bien podía reventar de fatiga—, prodigándole aquel comentario que se oía repetir desde que llevaron a enterrar a su padre, el yerbero.

—«No tiene a nadie en el mundo. ¡No tiene a nadie!»

Amaba los árboles y detestaba a los hombres.

—«Nadie», pensaba el hijo del yerbero, eran los hombres.

Apenas empezó a hablarle claramente su corazón, le dijo que lejos del pueblo, allá en el monte donde solía ir de pequeño, habitaban ahora en dos árboles las almas de sus padres, uno junto al otro, entrelazadas las raíces; e iba a verlos con frecuencia, cuando cierto sentimiento que se apoderaba de él lo impulsaba al monte. Porque era allí donde su corazón le hablaba y le enseñaba lo que sólo el corazón puede enseñar. Aprendió a ir al monte como se va al mundo de los sueños y de los espíritus. Cómo andar en este mundo peligroso lleno de trampas, de sombras tan bien urdidas, en el que perros fantasmales ocultos en la maleza, como el Ayaokán-Ikú, cazan y devoran a los que tienen el alma torpe y oscura; donde el gigante decapitado, el demonio Aradya-Araokó, se pasea arrastrando sus pies enormes como dos palmeras derribadas. Antes, la cabeza de este demonio se perdía entre las nubes. Tenía cabeza de gallo. Una noche por encima de las copas de los árboles, miraba insomne el firmamento estrellado. Alargó el cuello inconmensurable:

—«¡Qué buen maíz desgranan en el cielo!» —exclamó; y engulló tal cantidad de estrellas y hubo tal pánico en la estrellería, que los guardianes de la noche acudieron a toda velocidad de los cuatro puntos cardinales en alas de los Cuatro Vientos y, tras de hacerle vomitar los preciosos granos de luz, le cortaron la cabeza y se la ataron al extremo de su cola, que es tan larga, que sus tres pares de manos no pueden alcanzarla. Pero quedó una estrella pequeña, que no rescataron los guardianes del firmamento, enredada en las zarzas y bejucos de su pecho, y de sus rayos se vale el gigante para descubrir a los que por allí se extravían en sueños, en sus viajes nocturnos, o a los que se aventuran temerarios internándose en la soledad montuosa.

Pero el corazón le advertía de qué lado del monte paraban los Diablos temibles, roedores de la oscuridad, los Espíritus que se posesionan de los hombres para devorarles el hígado; en qué parte las sombras de los muertos desesperados, que a destiempo dejaron la vida con encono, sin cerrar los ojos —almas sorprendidas por la cuchillada o el balazo artero de la Mala Muerte, despedidas por la boca de una herida amarga y profunda— se agitan maldicientes en hojas muy negras y retuercen las ramas, las secan con las torturas de una obsesión de venganza, de odio que jamás se satisface. O en qué arboleda de frutos venenosos se cobijan los fantasmas de las mujeres estériles de entrañas malditas cuyas emanaciones son mortales; donde se arraciman las sombras ávidas de los niños que no pudieron vivir y se abrazan a las sombras de los vivos para llorarles al oído. Las malezas en que penan las almas que fueron arrojadas de sus cuerpos por hechizos poderosos, esperando un cuerpo de que adueñarse; el rincón malsano, pudridero de luz, donde almas somnolientas, sin intención, sin voluntad, flotan en un vapor cálido y pestilente que al ser aspirado produce la idiotez y el olvido.

El pájaro-duende, para encantar —el feroz Yongóngo—, primero silba invisible graciosamente. Luego canta:

«tio - tio; tié - tié - tié,
Okú-oyuma...
ti ti oulé...
ti tio ti: tié - tié - tié.»

El que le presta atención siente un deseo incontenible de bailar: y baila confiado. Pronto, cuando menos se lo espera, Yongóngo, abriendo sus alas negras e inmensas, se abalanza impetuoso como un monstruo del viento y le arranca los ojos a picotazos.

Allá detrás de aquellas piedras, cubiertas de helechos y malangas, le decía el corazón, están las entradas de las cuevas de los hombrecitos que viven debajo de la tierra, cornudos, zambos, peludos; orejudos como murciélagos y negros como el betún.

Tienen un ojo blanco y saltón, sin pupila, en mitad de la frente. Son lo que la gente llama «Cosa-Mala-Chiquita». Corren pegados al suelo, a veces corpóreos, otras incorpóreos, como sombras y atacan de noche en descampado a los que van solitarios. Miden un pie no más de estatura; renqueando, andan velozmente. La voz les sale de la nariz, como a Elegguá, y a Osain, a los Chícherekús, a los Endokis y a los Muertos...

El monte, sagrado, avaro de sus tesoros, es el dominio peligroso de fuerzas maléficas, de diablos, de duendes aviesos, de almas malhechoras; pero Fékue conocía su hora propicia y adivinaba sus fueros. Iba a él lleno de respeto y nunca se adentraba sin antes saludar e invocar el permiso de su Dueño. Porque su corazón le enseñaba que todo tiene dueño, aún lo más despreciable, y hacía reverencia a las yerbas más humildes. A pesar de su mucha pobreza, cada vez que obtenía o ahorraba unas monedas, las depositaba con fervor en los matojos como derecho que había de pagársele, escrupulosamente, a aquella poderosa divinidad del Monte donde moraban las sombras de sus padres.

De tiempo en tiempo llevaba dos pollos: uno que ofrendaba a sus muertos y otro al dios del monte. Tocaba en un tamborcito y cantaba con voz fresca y bien timbrada para alegrar sus espíritus.

Su música debía agradar al dios.

Secretas relaciones de amistad se iban estableciendo entre el muchacho y ciertas plantas y árboles. Fue aprendiendo sus nombres sin que nadie se los dijese y al pronunciarlos en sus adentros conocía de repente su esencia y sus misterios.

Llegaron días difíciles para el pueblo y aún más duros para Fékue. Muchos, en que no teniendo nada con qué pagarle tributo, no se atrevió a entrarse en el Monte. Sentía, sin embargo, que éste, los dos árboles paternales, la turba de plantas amigas, le llamaban, pero su corazón exigente, dominaba el impulso de obedecer a ciegas su llamada: no tenía nada que ofrecerles.

Cuando volvió, sólo pudo llevar un poco de tabaco y una triste moneda de cobre. En vez de rociar la tierra con la sangre de un pollo negro, se hizo una herida y ofrendó su sangre.

En aquel momento se le manifestó el Dios Dueño del Monte, Osain; y vio que el Orisha era manco, cojo y tuerto; que sólo tenía un brazo, el derecho, una mano mutilada en la que brotaban tres dedos, y una pierna, la izquierda. Osain es sordo de su oreja izquierda, y esta oreja es tan grande que el lóbulo casi le roza el hombro; en cambio, con la derecha, graciosa, pequeña y bruñida como una concha, percibe el sonido más distante y apagado. Un ojo único que bizcornea, media nariz sana, media boca torcida, y toda su piel rugosa como la corteza de un árbol viejo. (Así es Osain cuando se hace visible.)

—«Márchate sin volver la cabeza» —le dijo el Dios-Osain-Ochachá-Keregüeye.

Mucho antes de llegar al pueblo sintió caer bruscamente un peso sobre sus hombros. No detuvo el paso, ni siquiera miró de soslayo. Luego le pareció que llevaba un bulto duro y redondo colgado a la espalda.

Fékue dormía entonces en un establo abandonado, de paredes ruinosas, que sólo conservaba un pedazo de techo.

—«¿Qué llevas ahí?» —le preguntó alguien.

—«Todavía no puedo saberlo» —contestó ingenuamente.

Ya brillaba el lucero en el cielo descolorido del atardecer, cuando se atrevió, una vez en su refugio y asegurándose de que estaba absolutamente solo, a desembarazarse del bulto misterioso. Era un saco que contenía dinero. Sonó el oro indiscreto. Creyó que nadie podía verlo ni oir el ruido que, a pesar suyo, hicieron las monedas; la noche estaba a punto de caer de falondre y no había un alma en los alrededores. Una lagartija, de la parte de afuera, miraba por un hueco del muro.

—«¡Aquél... aquél que no tiene a nadie en el mundo, que duerme a la intemperie, en los portales o donde le pilla la noche, el Huérfano, ha encontrado oro! ¡Lo he visto en el establo manoseando su tesoro!»

Lagartija no había pegado ojo en toda la noche. Tampoco Fékue había dormido, como si tuviese conciencia de que alguien velaba junto a él. A la primera claridad, Lagartija se alejó sigiloso y corrió a la guarida de Jicotea a contarle lo que había sorprendido.

—«¡Tiene un secreto!» —opinó éste después de oirle.

Majá estaba tan pobre como la Lagartija, que estaba tan pobre como Jicotea: pero ésta se había procurado, gracias a sus mañas, un poco de café, y Majá, buen madrugador cuando anda hambriento, había ido a tomar café con su amigo.

—«¡A ver!» —dijo mientras avivaba la lumbre donde hervía el agua en una lata oxidada— «¿no habrás soñado esta historia? El Huérfano no tiene a nadie en el mundo. ¿Quién iba a favorecerle? Por lo demás, el Huérfano no roba. Me consta.»

—«Yo sí robo» —dijo Jicotea—. «Y tú también, Majá... ¿No eres ladrón? Y de seguro Lagartija estaría dispuesto a todo por mejorar su situación.»

Transcurrió algún tiempo; el muchacho insensiblemente se había hecho un hombre y se convirtió en la muda admiración del pueblo. Por poco que se le observase había que convenir en que no era un ser como todos los demás. Tenía la prestancia y el aplomo de esos hombres a quienes, a primera vista, se les reconoce como superiores: la gravedad de un mirar que impone respeto e infunde confianza. Reservado, serio, eran los viejos, instintivamente, los primeros en estimarle. Aquellos que le maltrataron no hacía mucho, obedecían ahora a una supersticiosa necesidad de humillarse, a un sentimiento mezclado de temor y de vergüenza que les hacía caer cuando lo encontraban, en los excesos de una lagotería repugnante. Y era la absoluta indiferencia de Fékue, la ausencia de rencor —tan despectiva— lo que más les confundía.

Un día Jicotea se presentó en su casa. Le pidió hospitalidad, y el Huérfano, como todos seguían llamándole reverentemente, se la acordó. Con frecuencia se marchaba del pueblo y no se le veía en largos días. No tardó mucho en ausentarse dejando en su casa a Jicotea y ésta pudo escudriñarlo todo a sus anchas...

—«He buscado el oro. No me ha quedado nada por registrar. La casa está llena de raíces, de palos, de yerbas. El dinero o el «secreto» no lo guarda en casa. Lo lleva todo encima o lo oculta lejos en alguna parte.»

—«Sigamos sus pasos» —dijeron la Lagartija y el Majá—. «Hemos de dar con él.»

Cuando el Huérfano regresó de su viaje, Jicotea se despidió agradecido. Le contó que en los días de su ausencia había tenido la suerte de encontrar un albergue conveniente.

Le encomendaron al Gallo-Ofetilé-Ofé la misión de montar una guardia permanente a la puerta de Fékue y de cantar en un tono convenido, al momento en que éste se marchara la próxima vez.

Poco tiempo después, entre los cacareos que anunciaban la madrugada, los tres amigos oyeron la esperada señal de Ofetilé-Ofé. Lagartija se armó de un muchillo; el Majá de un machete; Jicotea, que no poseía armas de ninguna especie, escogió cuidadosamente, entre las piedras de su covacha, una que le pareció muy a propósito para machacar el cráneo más duro y resistente. Y fueron siguiendo de lejos al Huérfano, quien al parecer, no sospechaba que tres malintencionados iban en pos de él, pues ni una vez se detuvo ni volvió hacia atrás la cabeza. Tras mucho andar llegaron al Monte. Fékue se internó en la maleza. Los cómplices, reuniéndose, cambiaron una mirada de satisfacción: ningún lugar se prestaba mejor que aquel por su soledad y alejamiento al fin que se proponían. Indefenso, Fékue cedería a sus amenazas. Sería empresa fácil intimidarle, arrancarle con un cuchillo al pecho su «secreto» y luego darle muerte sin exponerse a esas molestias que suelen ocasionar a sus autores los robos y asesinatos que se cometen en poblado, donde todo el mundo se cree autorizado a meterse en lo que no le importa...

Las casas y las calles del pueblo tenían ojos y orejas, y lo que era peor, tenían lengua, lenguas que se hubiesen complacido en encaminarlos al garrote.

Cuando Fékue, como si llegase al término de su ininterrumpida caminata, se sentó sobre unos troncos, los tres a la vez lo atacaron. Lagartija levantó el puñal sobre su pecho; el Majá desenvainó el machete. Jicotea, amenazador, hizo ademán de golpearle con una piedra. El, sin pestañear, se contentó con decir: —«Buenos días, Jicotea y la compaña.»

—«¡Eres rico y escondes tu oro!» —dijo Lagartija—; «no me lo puedes negar; te vi una vez contando tu dinero en un establo.»

—«Dánoslo» —dijo el Majá— «o te parto en dos con mi machete.»

—«No vamos a tratarte con contemplaciones. ¡Habla pronto! ¿Dónde tienes el tesoro?»

El Huérfano se encogió de hombros. Ni siquiera les miraba.

¡No se recibe desdeñosamente, impávido, el asalto de tres ladrones que van a convertirse en asesinos de un momento a otro! Jicotea iba a increparle como se merecía y ponerle en razón, precisamente de una buena pedrada en la cabeza. Mas su lengua tartaleaba, sumida en un barro amargo. La piedra que sostenía en alto aparatosamente se hizo tan pesada que se le fue de las manos, esquivando la bien plantada y arrogante cabeza del Huérfano. Majá sintió su brazo rígido. Hizo esfuerzos desesperados y no logró moverlo. Los dedos de Lagartija se engarrotaron con dolor insoportable oprimiendo el mango del cuchillo.

La Chicharra Cumandénde, encendiéndose, los aturdió entonces con la sonoridad enloquecedora de su chirrido; los tres quisieron huír, pero sus piernas se habían petrificado y no les obedecían. Majá perdió todos sus miembros. Se abrió la tierra y Osain terrífico —manco, cojo, tuerto, boquitorcido— dando un salto inverosímil, se les mostró en aquel momento. Y el Dueño del Monte, el gran Santo de los yerberos los maldijo.

Estas fueron las palabras con que Osain-Ochachá-Keregüeyo, cambió las formas, castigó y torció los destinos de los que en el Monte-Ocha quisieron matar a un hijo querido de los árboles, de las yerbas y de los muertos:

«Por la eternidad Jicotea quedará en su propio cuerpo encarcelada; su cuerpo será su prisión y la llevará siempre a cuestas.»

«Por la eternidad Lagartija vivirá pegado a las paredes, atisbando. La perseguirán, la matarán por gusto. Vivirá en perpetuo azoramiento, huyendo y temerosa de su propia sombra.»

«Por la eternidad Majá se arrastrará por la tierra; oculto en agujeros, en matorrales, evitando encontrarse con los hombres que le cortarán en pedazos con sus machetes.»

EL CHIVO HIEDE

Aquel día, más bella que nunca, Ochún Yeyé-Kari salió del río.
Para ella tocaban engalanados los tambores.
Antes de encaminarse al baile de los Orishas, que están llamándola impacientes, pues ya tarda en mostrarse la hermosa Ochún y sin ella no se concibe la alegría ni se haría fiesta en el mundo, Ochún se remira, ataviada, en la corriente clara y quieta.
La diosa del amor, color de azúcar morena, la mulata Virgen de la Caridad del Cobre que adora toda la Isla, se sorprende, queda prendada de su propia belleza y, admirándose, se estaría la eternidad inclinada ante su espejo. Pero la llaman en el chakumaleke: no cesa el tambor de repetir su nombre:

«Komarika chéke Ochún»

Saben que es de hacerse desear —como la dicha misma— y para que no se dilate, recurren a un ardid inocente: cantan haciéndole creer que han robado sus magníficas joyas:

«Fala fala, fala
Ochún laré Koyú
Fala fala Ochún
Adyé afó ure Oddaní...
¡Yeyéo!»

y la Diosa alarmada no tarda en manifestarse pidiendo ansiosamente que le devuelvan sus alhajas. El canto, casi siempre decisivo, arranca a Ochún de su contemplación. Mas no la turba lo que escucha. Recuerda que es sólo un viejo subterfugio muy gastado, pretexto de una danza que ya bailará... ¡Seguras están sus prendas y su oro en el fondo del agua, en calabazas candadas!

Ochún, la que vive en los corazones, Ochún Yeyékari, la coqueta y fiestera, la que todo lo alinda e ilumina cuando sonríe, es feliz de saberse tan bien parecida. Más bella que su hermana Yemayá, Virgen de Regla, que tiene los ojos tan grandes y tan blancos y la piel tan negra y brillante que toda ella parece de azabache. Más que Oyá, de bronce, Obiní-Dóddo, terriblemente hermosa, con todas las chispas y relumbres de sus joyas de fuego vivo, la suntuosidad de sus faldas de nubes aborrascadas y remolinos.

Es feliz y quiere que todos cuantos la adoran lo sean bajo el sol, por lo menos aquel día. Irá su gracia derramando al güemilere; otorgará cuanto le pidan...

Apenas gana la margen del río —que su planta al estamparse deja florecida— el tintineo de sus veinticinco manillas de oro llena el espacio de alegría.

Ochún se envuelve en su gran mantón amarillo. Gruesas gotas de coral y de ámbar adornan su garganta.

El día es de oro, y arden como nunca los girasoles, las guacamayas, los platanillos, las aromas y copetudas.

Abre el abanico de plumas de Pavo-Real que le concedió su hermana la Mar, quien la mima y la quiere al extremo de criar los hijos que la Diosa —siempre de juerga en juerga, de amor en amor— da a luz, mas no amamanta ni atiende; su hermana Yemayá, que es inmensamente rica y le donó los ríos, las perlas, el oro y el coral, que la voluptuosa derrocha en sus lujos y caprichos.

Cuando Ochún Yeyé-kari va camino del Bembé, no hay mujer del cielo, beldad sobrehumana, parda o blanca, que como ella se mueva, se contonee tan graciosamente, se abanique con más elegancia.

Una brisa suave esparce entonces por la tierra el perfume que embriaga de Ochún Yeyé-kari; el olor de flor, de canela —de delicia— que exhala la soberana que gobierna el mundo por el amor; el cheré-cheré de sus faldas y el límpido y delgado retintín de sus brazaletes la anuncian a los hombres, encantan el mundo.

—¡Yeyé o!

El fuego tibio del cielo deleitosamente se hace sangre en las venas. Repican jubilosos los tambores. Ochún, la adorada, la esperada, ha llegado a la fiesta. La aclaman los Orishas; sus hijos dan rienda suelta a su contento. Allí, la diosa, de su andar entonado y saleroso, se pasea un momento provocativa, las manos en las caderas, la cabeza orgullosa inclinada hacia atrás y contempla mirlada a la concurrencia de Orishas y mortales; de repente lanza una fresca risotada que descubre sus dientes blancos y parejos —un reto cordial, irresistible, de alegría— y con los brazos cruzados detrás de la cintura se inclina a beber el agua que le ofrecen en güira colmada hasta los bordes. Baña su hermoso rostro y retiene un largo sorbo que, enderezándose, rápidamente dispara a lo alto espurreando al corro que exclama entusiasmado:

—«¡Orissa!»

La diosa, uno a uno, saluda complacida a los Orishas; a Yemayá que la acaricia tiernamente, a Changó, el fuego, que vive enamorado de ella, a Oggún, a Ochosi, a Elegguá, a Oyá; ante Obatalá se inclina respetuosa: abraza a la trulla de fieles que ha venido a adolarla y a pedirle su «aché»:

> «Ifagwón, si areureun Odda
> Iyámi Laburi Bodyare
> Abere Oriyeo Yalodde!»

Sobre todo, lo que se le pide a Ochún cuando la diosa viene a la tierra a permanecer un rato entre los hombres, es que baile como ella sabe... Porque bailando todos los hombres son felices.

—«¡Oh, Madre nuestra Ochún, que tus hijos se diviertan!»

Que baile con ellos; para que triunfen los jóvenes que brillan como soles; para que vuelvan a ser mozos los viejos, que ya le pertenecen a la Luna y tienen la fosa medio abierta allá en el Campo de Yansa.

Bailar como nunca con Ochún y no sentir la carga de miseria, de trabajos, de pesares que todos llevan a cuestas, más pesada cada día. Que toda contrariedad, todo impedimento, huya lejos y corra, ocultando entre las manos el rostro turbio, a esconderse en las letrinas.

> «¡Ochún Yeyé-Kari: aberiyé moró
> Koyú alamadde otí!»

Con el galardón del baile, toda sombra se desvanece. Se olvidan enojos y reconcomios.

Cuando se baila con un Orisha, se es Orisha. Se pisa firme en el Cielo; no abandona el alma al cuerpo para bailar en sueño.

—«Madre Nuestra, Bendita Virgen del Cobre sandunguera, Ochún-panchákara, puta divina que por el amor gobierna al mundo, lo que deseamos tus hijos es verte bailar. ¡Los corazones de tus hijos te piden que les bailes bonito, como tú sabes!»

Y Ochún, alegría del mundo, adornada para gustar, se enrolla el mantón amarillo de seda a la cintura cimbreña y baila para ella, para goce de todos los Santos, para gloria de todas las criaturas.

Ella es el río; Omí Obiní, mujer de agua, es la Señora del Agua dulce que fertiliza la tierra y baila como el río dispensador de vida. Se desliza, fluye entre juncos, entre márgenes de torsos que se mecen transportados al ritmo de la onda milagrosa; y sus brazos lustrosos y sus caderas sabias ondulan rápidas como el agua. Se riza de espuma ligera su cola larga y vuelera; el agua alegre rompe, bulle, regolfa en sus enaguas almidonadas. Serpea todo su cuerpo de manantiales y corrientes.

Dioses y mortales, traspasados por la frescura de la diáfana corriente, se bañan, brancean, juegan o reman en barcas imaginarias. Lavan toda miseria en la luz del agua ilusoria y, cantando y bailando en raudales, sus cuerpos flexibles, líquidos, son los meandros del río inefable que mana de cada miembro, de cada gesto de Ochún, que los convierte en agua viva y rumorosa.

Cesa el tambor. Desaparece el río la Appwón levanta un nuevo canto. Los tambores recuerdan a Ochún y a Oggún-Orissa, que se abre paso con su machete entre el bullaje de la concurrencia, cómo la diosa del agrado lo sedujo con la miel de su belleza y el manantial de caricias que tenía en la voz. Oggún comprendía el canto de los pájaros, del viento y de las ramas; el bramar de las bestias salvajes. Oggún no había oído voz dulce de mujer —la voz que toca el corazón de la piedra— ni sus ojos habían visto ni entresoñado la imagen de una mujer bella.

Y Ochún era la más deseable de las hijas de Olofí el Creador.

Brozno, indómito, se obstinaba en vivir solitario en lo más fragoso de la selva. En el tronco de un árbol inmenso, a hachazos, se había labrado una vivienda: en el árbol Taimá, cuya madera aventaja a la roca en fortaleza. Olofí, continuamente, le enviaba emisarios portadores de sus palabras conciliadoras exhortándole a abandonar el monte. El Dios, obstinado y duro, los rechazaba ferozmente, los amenazaba con la mandarria y el machete que codiciaba el género humano: y ya nadie se atrevía a acercarse al Amo irreductible del Hierro; a más de no acatar las súplicas de su Padre, hacía peligrar la vida de sus correos. Pero Ochún confiaba plenamente en la fuerza del amor y en la virtud de Oñí, su néctar. Prometió a Olofí que le entregaría, encadenado, al hijo rebelde cuya ausencia tenía sumido al mundo en la barbarie.

Llenó su jícara de miel y marchó a la selva en busca suya sin más argumento que su belleza. Y así fue como el dios inapresable, antes de verla, al sentir su presencia —una suavidad desconocida, una dulzura lo envolvió—, asomó, confiado la cabeza. Sus ojos se encontraron con los ojos de Ochún y una luz lo dejó deslumbrado.

Cantó entonces Ochún, y el Orisha de Piedra y Hierro, subyugado por la voz que se adueña del universo, salió de su escondite y se acercó a la Diosa, que le untó en los labios su sabor.

«Uré Keteké Ochún
Oñí Alabwó Kún
Domiló
Oro Niki Iyami
Alabwó Kua Ochún.»

Y Oggún ya está esposado con la férrea cadena que él mismo forjara; preso y manso la sigue al pueblo, a través del laberinto interminable de árboles cuyas raíces Olofí fijo en la eternidad.

Baila con Oggún en la espesura ardiente, en torno al árbol sagrado Taimá de inmensa copa, en cuyo tronco las flechas del sol se apagan al clavarse. Baila el recuerdo de aquel triunfo, triunfo eterno del amor que Ochún revive en cada fiesta y enloquece a los tambores. Apretándose unos con otros, en un espacio que se va reduciendo increíblemente, encerrados en la selva tupida que crean los redobles, hombres y mujeres bailan clavados en el mismo sitio, fascinados, sin poder avanzar un paso, empeñados en la misma lucha amorosa y sagrada de la Diosa que rinde a Oggún, el más fuerte de los Orishas... Y las horas pasan en el güemilere; y baila Ochún todas sus danzas; baila siempre el amor, la vida que triunfa incesantemente de la nada. Las feas se transfiguran; se alindan remedando los gestos, los coqueteos y remeneos de la diosa; las viejas, en el ruedo de las danzas que se desarrollan en el tiempo de Oru, que ni comienza ni acaba, se liberan de los años, de la muerte. Cuando Ochún Yeyé-karí despide su luz, opera un milagro de belleza en la apariencia más miserable. El harapiento es un rey; no hay vieja, ni sucia ni fea. Pero llega el momento en que la Diosa de felicidad debe volver a su río; un río de la tierra o del cielo.

Chispoleta, rabisalera, se despide repartiendo entres sus hijos gracias y advertencias.

Ochún lee en los corazones. Con ella están de más las palabras. La Diosa se adelanta a cada deseo; descubre el anhelo más solapado.

Hoy quiere que todos sean felices: unos, los más sabios, le piden salud; otros, los que van a la flor de la vida, suerte en amores; y ella reparte oro, salud, amores.

Allí estaba el chivo negro de ojos luscos y amarillos. Aukú, compinche del Diablo, del Echú Alaguana, el que extravía a sus víctimas y las lleva a morir solitarias en la sábana, y cuyas intenciones son siem-

pre tenebrosas. Tiene un alma vil. Entornó los párpados y aspiró lascivo el perfume de la Diosa cuando ésta pasó junto a él. El chivo codiciaba el poder de seducción de Ochún-Yeyé-Karí y, ella sarcástica, le pregunta:
—«Y tú, Aukó, ¿qué quieres?»
—«Quiero —responde el chivo lujurioso— quiero tu olor, tu perfume para enamorar.»
Aukó no sólo es un depravado, sino un presuntuoso.
Ya estaba maldito, porque al igual que el Cochino, había mancillado a su madre. Tenía en el alma calimba del Diablo. Era su mayordomo, su compaña, y éste con frecuencia toma su apariencia.
Ochún desapareció tras un matojo y tornó a los pocos momentos ofreciéndole una tinajita.
—«¡Toma!, aquí está mi ungüento, mi aché, mi perfume, mi frescura.» —y mirándolo de hito en hito, con aquel sacudir violento de los hombros y de los brazos, riendo convulsiva, con esa risa tan temida que conocen Babalawos e Iyalochas y que presagia los más duros castigos de parte de la Diosa generosa y compasiva, y a ratos tan cruel y rencorosa, Ochún-Yeyé-Kari abandonó la fiesta.
¡Ay!, no era el ungüento nadino, no era ungüento de flores, de canela, de delicia, ni Afoché de amor, lo que contenía la tinajuela regalo de Yalódde; y sin embargo, cuando el chivo la aspiró olía como los brazos, como el cabello, como el aliento de Ochún.
Aukó untó sus largas patillas; se frotó el cuello, el vientre, el lomo, las patas, creyendo impregnarse para siempre del perfume da la Diosa de belleza; del olor que seduce y cautiva a la criatura más insensible. Apenas terminó esta operación, comenzó a apestar fuertemente. Olió a berrenchín.
Sus mujeres se apartaron de él; lo abandonaron al no poder resistir el hedor que despedía cuando amaba. Las gentes, por el mismo motivo evitaban

su compañía: bastaba que el deseo se apoderase del chivo, para que el aire se tornara fétido e irrespirable.

Sólo las mujeres churrientas, arrastradas, fleteras, que andaban comiendo el fango del arroyo, consentían en entregársele y, desde entonces, Aukó vive despreciado, dos veces maldito, purgando de este modo el pecado de una irreverencia que Ochún jamás habrá de perdonarle.

OBBARA MIENTE Y NO MIENTE

Decían que Obbara mentía.
Su palabra era tenida por engañosa; mas cada palabra de Obbara escondía una verdad profunda.
Si Obbara mentía no dejaba, sin embargo, de expresar algo verdadero.
Difícil de interpretar el lenguaje de Obbara, veraz y falacioso a un mismo tiempo. Se dio en llamarle embustero: en no ir hasta el fin de su palabra por temor a extraviarse en un infinito laberinto de ilusión y realidad.
Y una vez Obbara, en el pueblo de los Orishas (este es el pueblo que acaso está al fondo de la selva, adonde los Astros van a dormir de día; al otro lado de un paredón de Montes que sube hasta las nubes y cierra el Mundo; o al otro lado del infinito. Más allá de la tierra, más allá de esta vida, ni en la Tierra ni en el Cielo; o en el Cielo y en la Tierra al mismo tiempo), Obbara invitó a comer a todos los Santos.
Para regalarlos cumplidamente, Obbara había asado aves, reses y viandas, en tal cantidad, que los Santos, glotones, saciando su voraz apetito, no pudieron engullir ni la mitad de lo que Obbara les ofrecía con tanta esplendidez.

Terminado el banquete, dijo Obbara:

—«¡Ni yo ni mi mujer hemos comido!» —y la cara de Obbara relucía de contento.

Los Santos respondieron a una: —«¡No es verdad!» —y se marcharon contrariados, comentando los embustes de Obbara que no perdía ocasión de mentir o confundir.

Visitaron a Olofí, Padre y Señor de los Santos; el Amo distante de todo lo creado, que no visita las cabezas y que nadie ha visto.

Le dijeron: —«Obbara miente. En un banquete opíparo, con la boca aún grasienta, nos asegura alegremente que no ha comido!»

—«¡Obbara sólo miente!» —afirman los Santos Olofi calla pensativo.

—«Venid todos dentro de tres días; decidle a Obbara que le espero» —responde el viejo de eternidad—. «Quiero veros reunidos con Obbara.»

Y fue entonces a sus siembras, a buscar calabazas, Elegguedé, de gran tamaño. Entre ellas una muy pequeña y deslucida que luego colgó del techo de su casa.

A los tres días se presentaron los Santos:

—«¿Estáis todos?» —preguntó Olofi.

Un instante se miraron unos a otros, y Eleguá, el más pequeño, el que abre y cierra los caminos, respondió malicioso:

—«Falta Obbara...»

Explicaron los Santos: —«Obbara nos dijo que vendría; mas sucio y andrajoso ¿habría de presentarse Obbara en casa de Olofi?, y estaba sucio, cubierto de harapos repugnantes. Obbara no vendrá...»

Un jinete vestido de blanco, en un gallardo caballo blanco, apareció a lo lejos descendiendo la cuesta de una loma.

—«¡Es Obbara!» —dijo el Viejo Señor del Cielo.

—«¡Ah, el mentiroso!» —exclamaron los Santos despechados—, «ved como siempre nos engaña!»

Mas Obbara, antes de acudir a la cita de Olofi, había practicado ebó; había purificado su cuerpo y sus ropas y hecho rogación.
Había limpiado su corazón y sus ojos.
Y a medida que Obbara, inmaculado, se allegaba, un olor de flores blancas, de azucenas, de campanas, se hacía más penetrante. Se desprendía de Obbara la claridad, la albura que es de Olofi y agrada a Olofi. Así cuando Obbara, resplandeciente de blancura, saltó de su caballo y vino a postrarse a los pies de Olofi, éste se volvió a los Santos, severo, y les mostró a Obbara; su pureza fundida en su pureza.
Después, el Viejo de Eternidad dio una hermosa calabaza a cada uno. A cada uno según su categoría. A Obbara entregó la que no era deseable, la más pequeña; y los despidió en silencio.
Los Santos emprendieron el camino de vuelta, maguados, carifruncidos. Como retornaban enfadados a sus casas, creyendo que el Padre se había reído de ellos, ya lejos, Ochosi protestó en alta voz:
—«¿Para eso nos ha llamado Olofi? ¿Para regalarnos una calabaza?» —y con viva indignación arrojó la suya al borde del sendero.
—«¡Es una burla!» —asintieron los demás, e imitándole, se aligeraron despectivamente de una carga tan molesta como inútil, pues pesaba más de lo que hubiera podido imaginarse, aquel burdo regalo de Olofi. Y Obbara... Obbara guardó preciosamente la menguada calabaza.
Bajo la silla de su caballo llevaba unas grandes alforjas blancas, y como viera en el borde del camino el montón de calabazas que los Santos habían arrojado al pasar, se dijo:
—«¡No saben apreciar lo que el Padre nos da con sus manos! Han desdeñado la dádiva de Olofi.»
Respetuosamente las fue recogiendo una a una y llenó con ellas las alforjas.
En su casa Obbara se desvistió su traje de pureza;

volvió a cubrirse con sus andrajos sucios, terrosos, tomó una guataca y se marchó al campo a laborar. Porque entonces Obbara no era nada más que un labrantín, y aquel día no había qué comer en la pobre casa de Obbara. Su mujer, al ver en un rincón tantas calabazas apiladas, cuando se aproximaba la hora en que Obbara solía volver de su faena, tomó una al azar para cocerla. Apenas comenzó a picarla halló que la calabaza estaba rellena de oro, y apresuradamente, con gran temor, volvió a colocarla entre las otras.

Llegó Obbara. Le mostró el portento y Obbara dijo: —«No podemos disponer de ese tesoro ni podemos comer de estas calabazas.»

Y Obbara durmió tranquilo.

No transcurrió mucho tiempo sin que Olofi enviara a buscar a los Santos.

Sólo Obbara hizo sarayeyéo. Volvió a revestirse de blancura.

Sólo Obbara refrescó su cabeza, limpió su corazón y sus manos.

Puro, se encaminó al lugar donde vivía el Señor del Fondo del Cielo, llevando bajo el brazo la calabaza que El le había dado. Y Olofi, cuando todos estuvieron reunidos, les preguntó:

—«¿Qué habéis hecho de mi regalo?»

Ningún Santo se atrevía a responderle.

—«¿Y tú, Obbara?»

Obbara le presentó su pequeña calabaza. Le refirió cómo había recogido las calabazas que todos despreciaron: lo que había hallado dentro de una, su mujer.

—«Tuyo es el oro escondido», —dijo Olofi—. «¡Verdad cuanto hable tu lengua mentirosa!»

La blancura de Obbara se confundía con la blancura de Olofi.

Los Santos humillaron sus frentes.

LAS MUJERES SE ENCOMIENDAN AL ARBOL DAGAME

Dos que se amaron en un bosque engendraron un hijo de gran belleza: Bondó.
A los cuarenta días de nacido Bondó no paraba en el regazo de su madre. El fuego del amor maternal se reavivaba o se encendía de momento, abrasador, en cada mujer al contemplarle. Aquella criaturita se les metía dentro, muy dentro del corazón y todas se lo ahijaban con ternura entrañable.

Bondó-Nené bebió leche de cien nodrizas; fue el niño adorado de todas las mujeres, de todas las doncellas de aquella tierra Gangá.

Siempre atentas a mimarlo, el mucho querer a Bondó jamás dio motivo entre ellas a una rencilla o discusión; todas estaban de acuerdo en reconocer que era la criatura más graciosa, más dulce, más amable, el «watoko» más acariciable del mundo. ¿Cuál era la que habiéndole tenido dormido en el seno no le sentía suyo, como si realmente lo hubiese llevado en sus entrañas?

¡Ah! Bondó era el hijo que se desea. Y era —el Cielo lo había dispuesto— ese que viene al mundo para ser preferido. Así debieron adivinarlo oscuramente los hombres desde muy temprano, desde que

Bondó comenzó a dar solo sus primeros pasos, tambaleándose cómicamente como un borracho en el ruedo de mujeres que celebraban embobadas su primera proeza, disputándoselo a cada momento para abrumarlo a caricias. Predilección tan marcada sacaba a los hombres de quicio. Aborrecían en secreto al pequeñuelo adorado de todas, como si éste les robase algo que no sabían explicarse claramente. Tenían envidia de Bondó. Un rencor doloroso, infantil, inconfesable... Y como estos celos recónditos y vivísimos inspirados por un niño de pecho —un niño a quien todos los pechos se ofrecían conmovidos—, no debían ser sospechados por inhumanos, cuando se enfrentaban con Bondó, que a diario de brazo en brazo daba la vuelta al pueblo, agasajado como un reyezuelo, tanto tenían que esforzarse para sonreírle y parecer afectuosos, que era una amarga mueca de antipatía, un odioso jeribeque lo que percibían las mujeres y aterraba de improviso al niño.

Más tarde, cuando Bondó, hermoso y saludable, ya campeaba por su respeto y era el cabecilla revoltoso de todos los chiquillos del pueblo, que le obedecían y admiraban sin quererle, y con sus travesuras tenía en perenne sobresalto a las mujeres, éstas reñían y castigaban a sus hijos; mas siempre hallaban algún pretexto bueno, una excusa invariablemente arbitraria, que templaba sus rigores en lo que atañía a Bondó. ¡Este era un diablito ocurrente que hacía reír a la fuerza! Bondó no era como los demás... Bondó era la misma gracia. Los hombres ya no disimulaban la aversión que les inspiraba y protestaban abiertamente echando en cara a sus mujeres la parcialidad que en todo mostraban por Bondó.

—«¡No es tu hijo!»
—«¡Como si lo fuera!»

Y a Bondó, travieso, maldito, pero zalamero, cariñoso, bello, con un ángel ligero, un agrado que alegraba y endulzaba hasta el ceño en que parecía petrificado el talante de las viejas más acres y severas, todo le era permitido y aun alabado. Aquellas abuelas añosas, llenas de secretos y de ocultos poderes, cuya autoridad acataban los grandes como si aún fuesen chicos, eran precisamente las primeras en consentirle.

Sólo que a medida que espigaba, más intenso, más enconado era el odio que los hombres por él iban criando, acumulando en sus almas lastimadas; y muy pronto Bondó dejó de ser un niño. Se les convertía en un rival; y he aquí Bondó llegado a la adolescencia... Y era virgen aún, pero no había una sola muchacha que ya no fuese su enamorada.

Bondó había venido al mundo para gustar.

Sería siempre el preferido; aquél en quien se sueña. El que se desea. Lo había dispuesto el Cielo... Por mucho que se quisiera cerrar los ojos ante aquella realidad muy enojosa, había que convenir en que el mocetón más varonil y mejor plantado no podía comparársele. Aunque no era la gallardía, la radiante belleza de Bondó, lo que tan fuertemente se le envidiaba y no era posible perdonarle, sino una fuerza irresistible de atracción, aquel don que tenía de hacerse amar y de encantar.

Se decidió su muerte. Se juró perderle cuanto antes. ¡No era justo que continuase viviendo Bondó, acaparador de corazones! Así no podía extrañar a nadie que quienes le habían odiado con más ensañamiento —sainos, enclenques, deformes, menguados—, fuesen lejos, muchas leguas andando a visitar a un Adivino, un brujo de los que vuelan de un territorio a otro dejando su esqueleto desnudo, y se alimentan royendo la oscuridad y las almas extraviadas que en sus vuelos nocturnos persiguen o caen engañadas en sus lazos.

—«Bondó no morirá de ningún hechizo. Ni Kolofo podría desviar sus pasos ni yo cazarlo. No entraría Uemba en su cuerpo a pararle el corazón» —dijo aquel brujo viéndole asomar en el pedacito de cristal ahumado, incrustado en la base del tarro de cabrito que le servía para esculcar la vida de la persona cuya destrucción se le encomendaba.

—«¡Sólo el mismo Bondó puede acabar con su vida!»

Un día, algún tiempo después, a punto de salir el sol, estos hombres, en gran número, apresaron a Bondó cuando iba a labrar un campo de su padre y lo llevaron al bosque donde fue engendrado. Al pie del Arbol Dagame le entregaron un hacha y le ordenaron que lo abatiese.

Por primera vez el terror, un asombro doloroso se pintaba en el rostro risueño, siempre alegre de Bondó.

Quizá él no sabía que su vida estaba encerrada virtualmente en este árbol. Quizá conoció en aquel mismo instante que era su propia carne la que se le forzaba a herir y que al morir el árbol, moriría.

—«¡No puedo!» —exclamó Bondó arrojando el hacha—. «Derribaré otro... todos menos éste!»

—«¡Tala!» —replicaron los hombres amenazadores.

—«¿Por qué ha de ser éste en todo el bosque y no otro cualquiera?»

—«Maldito, obedece de una vez, que no hay aquí mujer que te contemple» —insistió el que era jefe en el pueblo, marido de Máma Bumbo que le quería como a un hijo.

Bondó, un adolescente, casi un niño, recogió sereno el hacha que de nuevo le tendían. Quienes iban a hacerle perecer, sus asesinos, jóvenes y viejos, eran todos sus conocidos; sus amigos de infancia, los padres de sus amigos, sus parientes cercanos. Bondó los despreciaba. Bondó sonrió con su bella, clara, envidiable sonrisa.

—«Silencio» —dijo—. «Para derribar este árbol

es preciso que cante». Y cantó descargando un primer hachazo:

«Yo wa wa wa...
Bondó Bondó
Yo wá wá
Bondó Bondó
Adió Mamitica
Adió Tatica
¿Bondó acabá?
Yo wa wa Bondó...
¡Sangrimania! ¡Sangrimania! ¡Sangrimania!

De la herida abierta en el tronco brotó un chorro de sangre rubí y escapó una mujer que huyó veloz como un fantasma.

Bondó cantaba desmochando alegremente, sin darse un segundo de reposo. A cada tajo saltaban del árbol millares de astillas, y cada astilla volaba hasta hincarse en el vientre de una mujer. Y cuanta mujer joven y sana había en la comarca, cerca, lejos, en el lugar más apartado y distante, sin exceptuar una sola, recibía en el vientre una astilla del árbol precioso de su vida que abatía Bondó, el Deseado.

En tanto, la que escapó del Dagame en la sangría del primer hachazo, se apareció a los padres de Bondó y les reveló la traición de que era víctima su hijo en aquella hora. Recorrió el pueblo manifestándose y repitiendo al oído de cada mujer con su vocecilla gangosa, con ese dejo inconfundible de los Espíritus y los Duendes:

—«Moanánketo, tu chikiri-mensu, Bondó, allá en el bosque está muriendo. ¡Ah! Chikirindumba. ¡Ah! ¡Moana! ¡Bondó Monono-ensambia, está muriendo!»

Mirándola bien, pasado el primer estupor, aquella desconocida, aunque de aspecto agradable, no tenía pies. Su proximidad humedecía el cabello, la piel, como un rocío helado; al fin, alguien vio que se desvanecía en la luz de una puerta dejando un grato olor a savia, a rama fresca partida.

Así alertadas, las mujeres se encaminaron al bosque enloquecidas de dolor; y aún lo vieron en pie que asestaba al tronco un último golpe:

—«¡Sangrimania!»

Se desplomó el árbol y cayó muerto a sus ojos Bondó, el bienquerido, venciendo a la muerte verdadera, pues en todas había penetrado y prendido una astilla fecundante del madero precioso y por obra suya todas concibieron.

Hoy van las estériles a pedirle al Arbol Dagame que las fecunde. Se asegura que Bondó siempre las complace...

LA TIERRA LE PRESTA AL HOMBRE Y, ESTE TARDE O TEMPRANO, LE PAGA LO QUE LE DEBE

Fue cuando en la Tierra no había más que un solo Hombre...
Junto al mar se elevaba la loma Cheché-Kalunga. Kalunga se llamaba el Mar. El Hombre se llamaba Yácara. La Tierra se llamaba Entoto.
Cuando salía el Sol, Cheché-Kalunga veía al Hombre abajo, escarbando afanosamente con sus manos en la Tierra.
Un día Cheché-Kalunga-Loma Grande le habló a Entoto:
—«¿Quién es ése que veo a mis plantas, que te hiere, te revuelve, te maltrata, devora a tus hijos y luego canta: «Yo soy el Rey, el Rey del mundo?»
Y Entoto le respondió a Cheché-Kalunga:
—«Es Yácara, el enviado de Sambia.»
Entonces habló el Mar. Le dijo a Entoto:
—«Que no te engañe Yácara; nunca podrá más que yo, ni puede más que tú!»
Y el Hombre oyó lo que hablaron el Mar, la Montaña y el Llano.
Se acercó al mar y le dijo:
—«Soy el enviado de Sambia.»

El Mar le respondió furioso:

—«No reconozco a ningún señor.» Y le escupió al rostro.

Cuando el Hombre, como era su costumbre, quiso continuar abriendo agujeros y hurgando en el suelo, la Tierra le preguntó:

—«¿Por qué tomas lo que es mío?»

—«¡Soy el enviado de Sambia!» —volvió a repetir el Hombre. Pero esta vez la tierra se endureció y se cerró y el Hombre no pudo obtener nada de ella. Entonces Yácara se volvió a Cheché-Kalunga y le pidió permiso para escalar su cima y hablarle a Sambia.

Cheché-Kalunga le dijo: —«Sube»— y Yácara llamó a Sambia, y hablaron:

—«La Tierra no quiere darme nada de lo que tiene.»

—«Allá ella» —contestó Sambia— «arreglen ese asunto entre los dos.»

El Hombre descendió y le dijo a la Tierra:

—«Sambia dice que nos pongamos de acuerdo.» Le pidió que le proporcionara cuanto necesitaba para vivir, y la Tierra respondió:

—«Bien; te daré a comer mis hijos. Ellos te alimentarán a ti y a toda tu descendencia. Veamos qué me ofreces en cambio.»

—«No sé» —dijo Yácara—. «No poseo nada. ¿Qué quieres?»

—«Te quiero a ti» —contestó Entoto.

Yácara aceptó obligado por el hambre que empezaba a torturarlo.

—«Así será —dijo—. «Mas con una condición. Me sustentarás con tus hijos día a día y yo, al fin, te pagaré con mi cuerpo, que devorarás cuando Sambia, nuestro padre, te autorice y sea él quien me entregue a ti al tiempo que juzgue conveniente.»

Llamaron a Sambia que halló justo el arreglo, y quedó cerrado el trato del Hombre y la Tierra.

Más tarde el Hombre se entendió con el Fuego; hizo tratos con los Espíritus, con las bestias, con la Montaña y el Río. Jamás pudo pactar nada seguro con el Mar ni con el Viento.

EL TIEMPO COMBATE CON EL SOL, Y LA LUNA CONSUELA A LA TIERRA

Dicen que el Rey Embú es el Tiempo y que en Guankila casó con Ensanda, la Ceiba majestuosa. Pero allí, la hermosa Ensanda era estéril y el Rey la abandonó.

Embú se marchó buscando por toda la tierra a la mujer más fecunda, y al llegar a Tángu-Tángu, el último pueblo conocido —allí acaba el mundo— encontró a una mujer, que sin el menor esfuerzo, sin dolor, dio a luz ante sus ojos un número de hijos increíble.

Cuando esta madre asombrosa se alzó del suelo y contempló sus vástagos innumerables, lanzó un grito lastimero y comenzó a llorar amargamente

El Rey Embú, sobrecogido de admiración y extrañado de aquel pesar tan súbito, le preguntó:

—«¿Por qué lloras, de que te afliges, mujer extraordinaria, Moana-Entoto, que sin dolor tienes la dicha de parir tantos hijos?»

—«Lloro porque el padre esplendoroso que los engendra no tardará en quemarlos»

—«¿Quién es ese hombre que abrasa a sus hijos? ¿Cómo se llama? ¿Donde tiene su morada ese hombre esplendoroso?»

—«Este hombre es el Sol, el Rey Tángu. Vive arriba en la sabana Ensuro con una concubina albina, de pestañas blancas, de boca fría, llamada Gonda, que no concibe.»
Embú le dijo:
—«Yo soy Embú, el rey que nunca se detiene, el rey que corre a través de todo. Si me das tantos hijos como a Tángu, subiré a Ensuro y lucharé con él.»
—«Sí» —respondió ella.
Y Tangú y Embú sostienen una guerra interminable: Tángu lucha fieramente todo el día, y en vano se esfuerza por paralizar a Embú, que avanza por sus dominios cobrándole espacio a cada instante.
Al fin, acorralado en el último extremo de Ensuro, Tángu se rinde y rueda pesaroso, desangrado, al fondo del abismo. Ha perdido el reino que Embú le arrebató palmo a palmo. Cae no se sabe dónde; en alguna caverna insondable y allí reposa escondido.
Embú regresa junto a la mujer que concibe incesantemente y le da millones de hijos como a Tángu. Embú se tiene a su lado y parece que descansa rodeado de su prole inmóvil.
Asoma Gonda, blanca y silenciosa, con su tinaja llena de rocío y la derrama compasiva sobre el vientre de la mujer fecunda que el Sol rabioso abrasa de día; humedece a sus hijos dormidos que por ella no se marchitan. Cantará el gallo. Resucitará Tangú radiante, nuevo, poderoso.
En el desierto del Ciclo recomienza la eterna lucha del Rey Embú y el Rey Tángu...

EL ALGODON CIEGA A LOS PAJAROS

OLOFI, el Dios infinitamente lejano e incomprensible, creó el universo. Hizo a Obatalá. Obatalá hizo al Hombre, le traspasó un poco de su inteligencia, le dio la voluntad.
Obatalá es el más grande de todos los Orishas.
Obatalá es el hacedor de las cabezas, el dueño, el modelador de las Almas.
Padre y Madre de los Orishas, de los Santos: Obatalá es el que está por encima de todos los Santos. Y la gloria de vestir a Obatalá, que es uno y diez y seis a la vez, le tocó a la planta del Algodón, a Oú, por la suavidad y la blancura de su vello. Obatalá le nombró su Capa. Oú continuamente envolvía y resguardaba a Obatalá, que no puede exponerse a la intemperie ni sufrir la violencia de la luz solar. Siempre pegado a Babá, cubriéndolo como la piel a los huesos, Oú inspiró envidia a todos los seres vivientes.
Los que más le envidiaron fueron los Pájaros. Desde que Obatalá eligió a Oú, el odio no dejaba sosegar sus pequeños corazones, despreocupados y ligeros hasta entonces. El honor que alcanzaron aquellas borras blancas que el Señor recogía y ceñía a su cuerpo estrechamente, les envenenaba la exis-

tencia. El orgulloso Chomuggé —el Cardenal— que justificando su pretensión con su belleza se había proclamado rey él mismo y pedía que a su paso se tocase tambor, hubiese cedido su corona, y una a una, sus magníficas plumas con las que creía deslucir a Agutté —el Pavo Real— por ser un mero copo de algodón. ¿Quién podía jactarse en este mundo de un privilegio comparable al de Oú? Y, sin embargo, el cándido Oú callaba su ventura. Les pareció que atentar abiertamente contra la vida de Oú era ofender a Obatalá, que vive metido en algodón. Y he aquí lo que tramó la Pajarería para hacer desaparecer a Oú de la faz de la tierra del modo más seguro.

Los Pájaros de la noche se elevaron a la Luna. —«Escucha Osukuá, lo que venimos a decirte en gran secreto» —cuchichearon a su oído—. —«Oú es un farsante, un fanfarrón. Se ha engreído al extremo de considerarse igual que Obatalá. Lleva su insolencia al punto de asegurarnos que es más blanco y más puro que Obatalá, que finge a su costa la blancura. Como le envuelve de pies a cabeza, fácilmente se hace pasar por Obatalá y confunde a muchos, que le adoran creyendo que él es Obatalá y Obatalá es Oú. Los pájaros, que reverenciamos y queremos servir a nuestro Señor, los pájaros que cantamos:

«Obatalá oro lilé Orisha eyeribó
Orolilé
nisi obilé ribé Orisa Uón Obatalá Orililé»

desearíamos darle a Oú su merecido; pero ¡ay! Osukúa, nosotros somos débiles. En cambio tú eres grande, eres fuerte; todo está de noche a tu mandar. ¡Destruye en su sueño, cuanto antes, a Oú el impostor!»

—«Oú merece un gran castigo» —respondió la

Luna—. «Lo asirá un frío intenso. Noche a noche derramaré sobre él una luz tan fría que no podrá resistir.»

Y los Pájaros del día volaron al Sol.

—«¡Orúngagoleo! Los pájaros que somos tus esclavos venturosos te admiramos porque eres el rey más poderoso de la creación. Te amamos sobre todas las cosas y vivimos agradecidos de ti porque eres generoso y equitativo: por eso todas las criaturas, cuando saludamos al amanecer a Obbá-Ololún, te pedimos que nos preserves de la enfermedad y de la muerte y tú, a todos por igual, sin hacer diferencia entre el amo y el esclavo, alegremente nos das la vida cada día. ¡Orún, que tu luz no oculte por más tiempo esta falsedad repugnante: hemos venido a decirte a riesgo de que nos consumieras con tu aliento, que Oú, la Capa de Obatalá, envanecido de rebozar a Dios continuamente, intenta hacer creer, allá en la tierra, que él también fabricó el mundo! Los Pájaros, que sabemos la verdad, deseamos ver confundido, derrocado al impostor que levanta el pecho para mentir con aplomo: «¡Pst! el universo inmenso y sagrado; el Sol, la Luna y las Estrellas: la Tierra y el género humano, los animales, el bosque ¡todo! el granito de arena y la montaña, la gota de agua y el mar, todo lo hicimos Yo y Bábá. Oú es igual que Obatalá, Obatalá es Oú». ¡Orun, tú que todo lo puedes, haz que triunfe y resplandezca la verdad como el rayo de tus ojos!»

—«¡Oú es un traidor!» —dijo el Sol—. «Lo convertiré en un montón de ceniza oscura.»

E inmediatamente después los pájaros fueron a tocarle la puerta a Afén, el Viento rebatoso, y con análogas razones lo indispusieron con Oú:

—«Azotaré a Oú» —rugió Afén— «lo desguasaré, partiré sus huesos!»

Luego, la nubada de Pájaros volvió gozosa a la tierra.

Buscaron a Kokore —el Gusano que destruye en lo profundo de las cosas— y le hablaron en tales términos que, contaminado de la misma tirria, Kokoro abandonó la labor que le ocupaba y se dispuso a roer las raíces de Oú, jurándoles que lo haría padecer con dolor grave y prolongado.

«En tanto» —dijeron los Pájaros—, «nosotros picotearemos sus hojas, nos comeremos sus hijos.»

Pero Oú era inocente. Oú no mentía. No había proferido una sola palabra de falsedad. Al sentir que el Gusano —el mejor obrero de la Muerte— trasminaba insidioso su tierra y punzaba su raíz sana; cuando a la noche, entredormido, vio descender sobre su copa florecida la mano larga y despaciosa de la Luna, que helada lo cubrió como un embudo, y los brazos múltiples del furioso Afén-Chigüí-Chigüí lo zurraron despiadadamente y luego, aún yerto de frío, dolorido, roto, comenzó a abrasarse en un cernido de candela, Oú corrió a casa del Dios más viejo, de Orula el Adivino, que le reveló el nombre y las intrigas de sus enemigos.

Oú hizo Ebó con un traje blanco y dos palomas blancas, y Orula le aconsejó que llevase su ofrenda a Oké, la Loma, por donde debía pasar luego Obatalá y allí la abandonase al borde de un senderito que bajaba de la cumbre.

Era mediodía cuando Obatalá, descendiendo por aquel sendero, tropezó con un envoltorio que manchó la impecable blancura de su vestido.

—«¡Estoy sucio!» —exclamó consternado Obatalá, que sufría atrozmente de la menor impureza; y al volverse a mirar, temblando de repugnancia y de indignación, qué era lo que podía haberle ocasionado tan gran contrariedad, vio el traje blanco, inmaculado, sin una arruga. Complacido, se vistió

inmediatamente la ropa fresca y limpia. Tomó después las cándidas palomas y se las comió.
En aquel momento, apareció Elegguá —«¡Oh Babá, ese traje, esas palomas son Ebó. ¿Quién se ha atrevido a ponerlo en su camino?»
Los Pájaros presenciaban la escena, unos chiflando, otros cantando...
Obatalá se dirigió a ellos: —«¿Quién ha sido el atrevido?»
Y los pérfidos, asustados, escapaban gritando: —«¡No ha sido ninguno de nosotros!»
Oú, advertido de antemano por Ifá, fue a presentarse inmediatamente ante Obatalá y, echándose a sus pies, le dijo:
—¡He sido yo, Babá, ha sido Oú quien ha dejado este Ebó en tu camino!»
—«¿Qué necesidad tenías de hacer Ebó? ¿Qué puede haberte sucedido, Oú? ¡Explícate!»
—«Porque soy la Capa de mi dueño, que es el Dueño de todo lo creado, los Pájaros se unieron para acabar con mi vida. Me malquistaron con la Luna. Estuve a punto de morir de frío, helándome en el hueco de su mano que toda una noche me retuvo cautivo. Le fueron con chismes al Sol; el Sol, por amor de ti, a poco me consume. Incitaron al Viento y el loco Viento me azotó enfurecido. El Gusano, que trabajaba escondido en la tierra, atacó a la raíz de mi vida, y ellos, estos Pájaros malvados que me calumniaron, se reservaban el placer de devorar mis hijos, Babá, tus suaves copos de algodón. Por eso Oú, el puro, hizo Ebó.»
—«Nunca más volverán los Pájaros a ofenderte ni a causarte el menor daño sin sufrir duramente mi castigo!» —respondió Obatalá conmovido. Y allí bendijo a Oú, confirmándole su gracia: —«Pototo-Aché-To».
Así se cumple por los siglos de los siglos la palabra de Obatalá, pues el pájaro ignorante, el des-

memoriado —quizá temerario—, que hunde su pico irreverente en la sagrada cápsula del algodón, pierde la vista y no más levanta el vuelo ligero. Ciego, condenado al suelo, se debate en la tiniebla, tropieza, se golpea cruelmente, hasta morir estrellándose en una oscuridad más dura que la piedra .

KANAKANÁ, EL AURA TIÑOSA, ES SAGRADA, E IROKO, LA CEIBA, ES DIVINA

Barreta con mandarria
¿Quién pué más?
Zarza con piñón
¿Quién pué más?
Guayacán con Cuabalira
¿Quién pué más?
Enkulele tambalele
¿Quién pué más?

OBÁ-OLORUN es el padre del Cielo y de la Tierra. Le dijo a la Tierra:
—«Trabaja y reverencia a tu hermano» —y al Cielo:
—«Ampara a tu hermana» —y estos hermanos vivieron en paz.

Transcurrió tiempo y Dios y la Tierra discutieron; ésta porfiaba que era mayor y más poderosa que su hermano el Cielo; y —porque sin duda se había envanecido y pretendía que su hermano le rindiese homenaje— se acaloró y empleó el lenguaje de la irrespetuosidad. ¡El lenguaje peligroso de la irreflexión!

En aquella ocasión la Tierra le dijo a Dios:
—«Soy la base; el fundamento del Cielo. Sin mí se derrumbaría, no tendría mi hermano en qué apoyarse. Ni cosa alguna existiría concretamente sin venirse abajo; todo sería vaguedad, inconsistencia, humo, ¡nada! Le sostengo y soy yo, quien además de prestarle siempre mi apoyo mientras él solo contempla, trabajo incesantemente, fabrico todas las formas vivientes y las fijo y las mantengo. ¡Yo lo contengo todo; todo sale de mí, todo vuelve a mí! Mi poder no tiene límites ni pueden calcularse mis sólidas riquezas.» Y la Tierra repetía insolente: «¡Sólida! ¡Soy sólida! El, en cambio no tiene cuerpo, es vacío enteramente. ¿Y sus bienes? ¿Pueden compararse con los míos? ¡Ah! Los bienes de mi hermano ¡son intangibles! ¿Qué tiene, diga, que se pueda tocar y pese en una mano? ¿Aires, nubes, luces? ¡Nada, nada, nada! Pues considere cuánto valgo más que él y baje a hacerme Moforibale!»

Obá-Olorun, viéndola tan obcecada y presuntuosa, no le replicó por desprecio. Le hizo un signo al Cielo y éste se distanció amenazador, horriblemente sereno.

—«Aprende» —murmuró el Cielo al alejarse a inconmensurable distancia—, «aprende que el castigo tarda lo que su preparación.»

Las palabras de los grandes no las deshace el Viento; Iroko las recogió y meditó en el silencio de una gran soledad que se hizo en ella al separarse el Cielo de la Tierra. Porque Iroko, la Ceiba, hundía sus raíces vigorosas en lo más profundo de la Tierra y sus brazos se entraban hondo en el Cielo —vivía en la intimidad del Cielo y de la Tierra—, el gran corazón de Iroko tembló de espanto al comprender...

Hasta entonces, gracias al acuerdo perfecto que reinaba entre estos hermanos, la existencia había sido harto venturosa para todas las criaturas terrestres: el Cielo cuidaba de regular las estaciones con una solicitud tan tierna y paternal que el frío y el calor eran igualmente gratos y beneficiosos. Ni tormentas ni lluvias torrenciales, destructoras, ni sequías asoladoras, habían sembrado jamás la miseria y la desolación entre los hombres. Se vivía alegremente; se moría sin dolor. Males y quebrantos eran desconocidos. Ni los individuos que pertenecían a las especies más voraces hubiesen podido adivinar, antes de la discordia, qué era el hambre; su mano atenaceando en las entrañas.

La desgracia no era cosa de este mundo; por un tiempo sin crueldad —por aquel tiempo que nadie vivió y todos añoran— animales y hombres suspiran todavía. La crueldad no era de este mundo. Los espíritus malignos que provocan los padecimientos físicos más abyectos y que invisibles y arteros se introducen por los ojos o volatizándose se hacen aspirar, no tenían nombre porque no existían. Nadie enfermaba. La muerte deseable —limpia y dulce— se anunciaba con un sueño suavísimo. El hombre había disfrutado de una vida larga y venturosa; viejo, mas sin la triste apariencia ni los quebrantos de la vejez, sentía un gran anhelo de inmovilidad. Un silencio avanzaba despacio por sus venas, un silencio apacible que buscaba deliciosamente al corazón. Despacio se cerraban sus ojos; despacio oscurecía y era la felicidad infinita de apagarse, de morir. Se acababa como un bello atardecer.

Entonces la bondad sí era de este mundo; un moribundo podía sonreir al representarse el placentero festín que su cuerpo, hermoso y sano, procuraría a gusanos innumerables y golosos; pensar enternecido en los pájaros que picotearían sus ojos brillantes convertidos en semillas; en las bestias fraternales que pastarían sus cabellos mezclados con la yerba fresca y jugosa; en sus hijos, en sus hermanos, que comerían sus huesos transformados en tubérculos...

Nadie pensaba en hacer daño. Los elementos no habían dado el mal ejemplo. No había brujos malvados; no había plantas nocivas. No había que ganarse a todo trance el favor de las fuerzas maléficas, que nacieron después con el dolor y la miseria. No había de precaverse contra ataques de Endokis, de Chicherekús y de Ojos Malos. Todo era de todos por igual y no había que vencer ni que adueñarse ni que dominar. No criaba alimañas el corazón humano.

Estaban unidos el Cielo y la Tierra y jamás del Cielo había caído un rayo; jamás el fuego de arriba había consumido el Bosque; ni el Sol despiadado se había hecho sentir como un castigo.

El mar, que tampoco revolvían vientos furiosos, era una balsa tranquila nada amarga, que se perdía de vista sin intimidar a nadie.

El Ratón, el mejor amigo del Gato; una gota de miel, el veneno de los Alacranes. Cualquier monstruo era —lo que hoy se dice muy de tarde en tarde— un «alma buena»; y la Hiena y la Paloma podían trocar sus corazones...

La fealdad vino luego, cuando acabaron los tiempos de no padecer.

Aquí fue el llanto de Iroko: la tristeza del árbol amado del Cielo y de la Tierra, el hondo duelo por lo que para siempre se perdía, lo invadía y penetraba todo.

La Ceiba dio entonces sus flores impalpables y así esparció su pena por la tierra. Esta tristeza, que iba en el viento lene, se comunicó a los hombres, a las bestias, a todo lo viviente. Un pesar jamás sentido se entró en las almas e Iroko extendió sus brazos inmensos en un gesto de amparo cuando al caer de la tarde se oyó el grito lamentoso de la Lechuza: un chillido agudo, desconcertante, nuevo, en la mudez de un atardecer distinto.

Aquella noche —una noche desconocida como la angustia— el miedo hizo su primera aparición; penetró en los sueños; y esa noche engendró a Iyondo, dio formas diversas, rostros y garras crueles a la oscuridad.

Al día siguiente, el hombre, la bestia, el árbol, todos los seres vivientes, se interrogaban sin darse a comprender unos de otros; aún no había palabras para la turbación y la ansiedad. Eran ininteligibles las voces que se oyeron, amenazadoras, en el viento o en las caídas de las aguas. Comenzó un día áspero y trabajoso.

El Sol empezó a devorar la vida. La Ceiba, a cada criatura que cruzaba su sombra, le decía:

—«Hagamos rogación por nuestra madre Tierra que ha ofendido al Cielo» —y tampoco se entendían las palabras de Iroko, pues no se sabía lo que era ofender.

Secretamente, la Tierra se secaba. Al Sol, que obedecía la consigna de no dañarla con su ardor y excesiva lumbrarada, dio órdenes el Cielo de agotar las aguas lentamente.

Entonces las aguas eran todas potables. Caudalosas, mas inofensivas: claras, mansas, llenas de virtudes. Y todas, por las fauces abiertas del Sol, subieron al Cielo y éste las guardó en un abismo.

La Tierra sentía en sus adentros los efectos de la cólera de su hermano: sufría cruelmente de sed, y al fin, le suplicó en voz baja: —«¡Hermano, mis entrañas se consumen; envíame un poco de agua!» Y el Cielo, para aliviar la sed cada vez más atroz de su hermana, la anegaba en un fuego blanco, y soplaba luego, sobre su cuerpo abrasado, la violencia de un ventarrón candente que a manotazos, a

cabezadas dementes, extremaba el dolor de las quemaduras.
Los hijos de la Tierra padecieron con ella los tormentos horribles del fuego, de la sed y del hambre. Pero más cruelmente le dolían a la Tierra los martirios de sus hijos que los suyos; y por sus hijos inocentes, por la yerba marchita, el árbol moribundo, ahora humilde, le pedía perdón al Cielo.
Se sufrió a perderse la memoria del menor bien pasado. El dolor abatió a las criaturas hasta borrar la última huella de la felicidad en que habían vivido. Toda ventura se hizo remota e inverosímil.
Se maldijo. La fealdad vino al mundo. Fue entonces cuando se incubaron y nacieron todas las desgracias, todos los horrores. La palabra se hizo mala. El reposo de los que habían muerto hacía mucho tiempo, fue turbado: y los que morían ya no descansaron en la belleza quieta de una noche cuya dulzura no terminaba.
—«¡Perdón!» —pedía la Tierra. Y el Cielo implacable retenía las aguas. Ya era todo polvo infecundo. Casi todos los animales habían muerto. Los hombres esqueléticos, sin alimentos para sostenerse y continuar cavando y buscando el agua en el seno seco y martirizado de la Tierra —sin fuerzas para devorarse los unos a los otros— yacían, exánimes, sobre las piedras desnudas. La vegetación había desaparecido y sólo un árbol en el mundo árido —la copa gigantesca milagrosamente verde— se mantenía firme y lozano.
Era Iróko-Oko, imperecedero, adorando al Cielo.
A ella fueron a refugiarse los muertos del pasado. El espíritu de Iroco hablaba con el Cielo; en lo profundo trabajaba con ahínco inquebrantable por salvar a la Tierra y a sus criaturas. El, que era como un hijo preferido de la Tierra y del Cielo.
Sus ramas poderosas protegieron a los que se abrazaron a su sombra, y a su amparo resistieron

el tremendo castigo de Olorún: A éstos dio instrucción Iroko. Estos penetraron el secreto que estaba en su raíz. Estos aprendieron, y cuando supieron, se humillaron, se purificaron al pie de la Ceiba.

La poca yerba aún viva, los animales de cuatro patas, los pájaros, los hombres que quedaban y que se habían vuelto clarividentes, consumaron el primer sacrificio en nombre de la Tierra; y cuando hubo que enviarle al Cielo las ofrendas —como éste se había alejado a una distancia incalculable, y nadie que no tuviese alas, podía saltar de estrella a estrella como antes—, se eligió al Tomeguín de mandadero. Era el más ligero de todos los pájaros, y de seguro su levedad le permitía alcanzar la máxima altura del Cielo.

Partió el Tomeguín, mas no pudo llegar a su destino; a menos de la mitad del camino sucumbió de fatiga. Se confió en el Pitirre por audaz y valeroso, que corrió la misma suerte.

Se eligieron otros pájaros; pero sus alas se quebraban o sus corazones cesaban de latir a gran altura, y caían; o bien, incapaces de continuar el largo viaje, volvían extenuados a la Tierra.

El pájaro Kanákaná declaró entonces:

—«¡Yo llevaré la rogación al Cielo!» —y aseguró— «Porque nadie más que yo podrá cruzar arriba, a la otra orilla.»

Todos miraron con burlona antipatía al sombrío y repulsivo pajarraco que hablaba así, cuando el intrépido Cernícalo, gran volador, se elevaba con las ofrendas y a poco se perdía de vista. Pero a un palmo del Cielo también el veloz Cernícalo se abatió y con él, la Tierra perdía el último de sus mejores correos.

¿Sería capaz verdaderamente de salir airoso este pájaro pesado y torpe que se había cebado devorando a los muertos? Sin embargo, era este pájaro astroso y pestilente la última esperanza. Y Kanákaná partió llevando la súplica de la Tierra que, no confiando en ella, se creyó perdida... Kanákaná voló días y noches incansable. Serena cruzó a la otra orilla de lo infinito y aún voló más allá; dejó oír las palabras de la Tierra y depositó la ofrenda:

«Eyeli agoggoún kulo
Agguó agoggoún kulo
Adiyé goggoúon kulo
Akikó goggoún adyá goggoún kulo
Ologgüo goggoun kulo-Gunugú gogguán kulo
Eyelé cagguó achai eyele kagguo aoudi
Ayangrete aya...»

—«¡Oh Cielo, la Tierra me envía a pedirte perdón! Perdón, perdón de corazón te piden los hijos de la Tierra que son tus esclavos... ¡Señor, la Tierra ha muerto...! ¡Todos hemos muerto!»
Abajo, los hombres que sabían, no cesaban de cantar:

«Señor: las gallinas han muerto.
Los gallos han muerto.
Las palomas han muerto.
Los carneros han muerto.
Y también han muerto el Perro y el Gato.
Todos los hombres se están muriendo.
¡Perdónanos, perdón, perdón!»

El Cielo volvió los ojos a la Tierra —¡hacía tanto tiempo que no la miraba!— y la contempló muerta.
Observó que los hombres lo reverenciaban debidamente y aceptó sus ofrendas.
—«Perdono a la Tierra» —le dijo a Kanákaná, al mismo tiempo que abajo, las criaturas vieron llenarse de nubes los cuatro ángulos del Cielo y oyeron croar las Ranas líquidas que venían en las nubes o que resucitaban, invisibles, en el polvo muerto.

Rodó el agua estruendosa de los abismos en que había permanecido estancada y descendió en inmensas cataratas las pendientes del Cielo mucho antes de derramarse sobre la Tierra. Kanákaná voló día y noche los infinitos desiertos celestiales huyendo de la crecida que avanzaba tras ella y, ya próxima a la Tierra, estuvo a punto de ahogarse en el derrumbe de la lluvia, que durante mucho tiempo cayó torrencialmente y formó un lago profundo que cubrió la Tierra en toda su extensión.

El pájaro, sagrado desde entonces, se abrigó en la Ceiba que las aguas, alejándose de ella, respetaron. En Iroko y por Iroko las criaturas se salvaron del Diluvio.

La Tierra, que bebió hasta saciarse, revivió; germinó, ocultó su desnudez en verde nuevo y le dio gracias al Cielo. No obstante, jamás volvió a conocer la felicidad de los primeros días.

El Cielo se fue desentendiendo cada vez más de la Tierra que llegó a serle absolutamente indiferente.

Y en fin, ya se sabe lo que ha sido la vida desde entonces.

EL PERRO PERDIO SU LIBERTAD

K UMBÉ, el jutía aventó los carrillos al encontrarse a Chechéngoma, el grillo, vestido de verde caña primavera, que hacía calistenia con las patas traseras posado en el extremo de una hoja.

—«¡Qué horror, qué horror!» —gritó Chechéngoma y se dio a la fuga, forzando la pequeña maquinaria que regulaba exactamente sus saltos y a riesgo de romperse los resortes.

—«¡Oh!» —hizo Kumbé satisfecho del efecto producido. Y siguió andando, la boca henchida de aire, creyendo que así se debía parecer a un ogro.

Venía el perro Ño Bua con dos esclavos ratones que había comprado a Ño Guai, el gato Bafiota, que era de la trata.

Kumbé lo aborda y le espeta a manera de saludo:
—«¡Usted no es hombre para mí!«

Búa entiesa las orejas sorprendido: los ratoncitos se atreven a elevar los ojos hasta Kumbé y, de soslayo, parpadeando mucho, aquellos puntitos negros le rinden homenaje de muda y profunda admiración.

Kumbé se crece.

—«¡Si es verdad que usted es hombre, venga mañana a esta misma hora, al medio del camino real!»

Kumbé se introduce en la boca unos corojos; se mira en un charco y a sí mismo espanta.

Al día siguiente, a la hora convenida, comparece Búa. Apenas ve a Kumbé que avanza jactancioso, inflados los cachetes a no poder más, le dice despectivo:

—«Sáquese esos corojos de la boca que nos los vamos a comer en seguida.»

—«¡Usted es un hombre!» —replica Kumbé—. «¡Así me gusta, Empangui!» —y alargándole una pata raquítica— «¡Choca esos cinco!»

—«Bueno» —dijo Búa despidiéndose después de comerse los corojos—, «mañana veremos si también usted es un hombre.»

El perro se disfraza; se cubre enteramente con un saco de henequén; en la frente dibuja un ojo desproporcionado; coloca en el lugar de las orejas dos tarros de chivos; ata racimos de cascabeles en sus cuatro patas, también los cuelga de su rabo y se guinda al cuello una gangarria.

El Jutía espera fumando tranquilamente un cabo de tabaco. ¿Con qué comestibles habrá llenado su boca el Perro?

A poco escucha algo que suena entre unos matojos:

«¡Glín glín glín!»

Son los cascabeles que se ríen, a la vez que estallan, fingiéndose coléricos, los cencerros.

«¡Jungongói!
¡Jungongói!»

Apenas si Kumbé reconoce a Búa, ya frente a frente, que le canta en sus narices parando un momento aquel estruendo:

«Tamayémbere
Yambri-llamaó»

y luego todo él resuena temible:

«¡Jungongói! Glín, glínglín ¡Jungongói!»

El pobre Kumbé tiembla de pies a cabeza. De súbito ha visto al Diablo... Se aturrulla, pierde la memoria.
—«Jutía», —habla entonces naturalmente Búa debajo del saco—, «¿Usted no es hombre?»
—«¡Ay, Tá Perro, por Dios!» —balbucea el infeliz despavorido.

«¡Fuyenyé!
¡Fuyenyé!
¡Marica yo!»

y trepa al primer árbol que encuentra para contemplarlo de lejos. Aquel esperpento y el estrépito que acompaña todos sus movimientos le infunde tal terror que huye al fin del monte y se sube a un yagrumo, el árbol centinela.

Cuando Kumbé se ha repuesto del susto y recupera sus sentidos, se dice que lo prudente para el Huevo es no tentar a la Piedra. Y tras mucho cavilar no sabe a qué atenerse; ¿era el Perro quien se le apareció o era Lungambé, el mismo Diablo en persona? Por la voz reconocía a Búa; pero Búa —ya nadie se lo quitaría de la cabeza—, era Diablo.

En tanto, el Perro, envalentonado por su triunfo, recorría los caminos disfrazado. Jutía, sin dar más explicaciones que las necesarias, se limitó a contarle a todo el mundo que se había cruzado con Lungambé a pleno sol en la calzada, y aunque era horroroso y había experimentado el mayor asombro de su vida —¡no miedo!, el Diablo es implacable con los cobardes— lo había saludado aparentando indiferencia y seguido de largo, aprisa, corriendo, cuidando de no volver atrás la cabeza.

No mentía Kumbé, pues pronto cada uno tuvo ocasión de comprobar la veracidad de su dicho.

Búa, persuadido al fin de que era Diablo muy terrible, tuvo en jaque a toda aquella zona y, aprovechando el pánico que producían sus visitas a los conucos, a los bohíos que abandonaban a escape sus moradores, inspeccionaba las cazuelas y se comía los pollos y las gallinas.

Para unos era un gigantón bicorne. Parecía que no podía traspasar una puerta sin derribar la casa; para otros, su talla era mediana, más bien declinando a chica; en cambio su cabeza venía a ser siete veces mayor que la de una criatura humana. Se le describía de mil maneras diferentes; no había dos versiones iguales; seguramente el Diablo cambiaba de aspecto a su antojo, y de ahí que unos lo vieron andar a rastras y otros levantado. Menos mal que la tierra temblaba ligeramente y un ruido aturdidor siempre le precedía, dando lugar a escapar y a dejarle el campo libre. Lo más importante era evitar la mirada de aquel lívido cerco de luna que tenía en la frente; porque, decían algunos, petrificaba, tullía o según fuese su humor, quemaba de frío allí donde se clavase.

De noche, en los caseríos se le oía pasar a lo lejos, y no rezaba entonces la letra de Ifá, que le dice al Babalawo en Iroso: «Idín aguó adifafún imú imú arubó» (todo el cuerpo duerme menos la nariz). El temor al Diablo espantaba el sueño, y muchas noches el cuerpo entero las pasaba en vela.

Cierto que Búa al cabo de algún tiempo, habiendo recorrido tantas leguas, perdió uno de sus cuernos y el otro lo llevaba caído y de revés; que el temible ojo, tan blanco y diabólico, había empalidecido al extremo que sólo forzando mucho la vista se hubiese distinguido. Un huraco que a diario se ensanchaba, puso su trasero a descubierto, aunque él lo ignoró en un principio. Las inconvenientes hilachas que empezaron a pender del saco, enredándose obstinadamente con todo, aceleraban la ruina de la indumentaria portentosa. Encubriéndolo menos cada día, al fin, fatalmente, reaparecía Búa en su forma verdadera. Claro que las gentes estaban demasiado convencidas de que el Diablo las rondaba —se contaban de él nuevas atrocidades; ahora robaba niños y mujeres y desaparecía con ellos en algún pozo abandonado— nunca hubiesen creído a sus ojos de encontrarse nada más que con un perro entre cascabeles y calandrajos.

Búa no esperaba tanto quizás y comenzó a cansarse y a preocuparse de ser Diablo. Sólo la satisfacción inmensa de amedrentar al Hombre —la misma vanidad que en esta especie admirable sostiene al individuo a pesar de los riesgos, las fatigas, las terribles desazones que implica, en tantos casos, la simulación atrevida de una superioridad de la que esencialmente se carece—, era lo que mantenía y forzaba a Búa a continuar jugando su escabroso papel.

Abrumado de prestigio, no podía seguir confiando en lo único que sabía que en él era valedero: su disfraz. Aquel continuo glinglín y jungongói era ya exasperante. Mejor sería acabar de una vez... pero después de saborear la gloria, no se resignaba a desvestirse de un todo y que viniesen a verle tal como era, un pobre perro y nada más; uno de tantos, de los más inofensivos y flacos que andaban por el mundo.

Prudente, pasaba los días escondido; salía tímidamente de alta noche para hacerse oir a distancia, sin atreverse a saltar las tapias, evitando encuentros, temeroso de la luz como un Lechuzo. Y sin los pasados arrestos —la fe en sí mismo empobreciendo cuanto más se gastaba su tapujo— Búa, esa era la triste realidad, se alimentaba escasamente. A veces, por un gran silencio, mientras el día hacía siesta, sus orejas atrapaban algún comentario —que iba en el aire perezoso— relativo a su personalidad demoníaca. Sabía que la gente seguía creyendo en él con firmeza, atribuyéndole entusiasmada cosas inauditas. Búa, con aquellas palabras, llenaba de viento el vacío profundo de su estómago y quedaba un tiempo satisfecho.

Pero ya casi muerto de hambre y de melancolía, el perro sintió nostalgia de su vida pasada, de su antiguo rincón: tenía sobrados motivos para creer que su fin —en virtud de la dieta que el honor de parecer Diablo le había impuesto— no debía hallarse muy lejano. Y quiso antes de morir contemplar el pueblecito donde había nacido, despedirse de su casa y de todos sus recuerdos.

Desde la cima de una loma, hacia poniente, podía mirar su pobre caserío que ahora tanto le temía. Reunió las fuerzas que le quedaban, y a la prima noche, andando lentamente, fatigoso, Búa abandonó su escondite entre espesos matorrales. Había de caminar mucho antes de llegar al pie de la loma, luego subir la pendiente... Las Siete Cabrillas despertaron al Gallo.

«Canta la hora
Ensuso Guarire
Areré
Canta la hora
Ensuso Guarire
¡Areré!»

Y el Gallo cantó cuando Búa, que evitaba los caminos —éstos nunca se sabe ciertamente a dónde llevan—, la cercanía de las viviendas de los hombres y, sobre todo, el fino olfato de sus semejantes, bien porque el hambre nublase su memoria o porque así tenía que ser, equivocó el rumbo.

Andando por la manigua, preguntándose: «¿voy por la noche muerto o vivo?», cuando ya era tiempo sobrado de haber llegado, Búa se entró por un atajo. Cantaron luego los Gallos de Babole —el Lucero del Alba—, y un hombre apareció en el trillo. Todavía tuvo aliento Búa para sacudir los cascabeles —lo único que le quedaba— y hacer retroceder al hombre. Este quizá creyó de pronto, al oir la gangarria, haber topado con el Demonio de que tanto se hablaba. Corrió a su bohío, tomó una soga y un pedazo de tasajo. Aquel hombre tenía la vista clara, de «Chorrori»... Vio perfectamente, en la vaga claridad, que el Diablo que se decía era un perro pardo, flaco, con trapos y cascabeles. Pero esto se lo calló porque no era conversador. Volvió al lugar del encuentro y arrojó al suelo el trozo de carne. Esperó. ¡Búa, rendido de hambre y de cansancio, al husmear la carne tan cercana, no pudo resistir la tentación! El hombre le dejó engullir tranquilamente. Hubiera podido partirlo en dos de un machetazo; era un perro esquelético, pero mejor alimentado, repuesto, podía serle útil. El hombre reía de buena gana. Seguro de que no le mordería el demonichucho que, tendido a sus pies, se lamía tristemente y lo miraba humilde y vergonzante, le ató la soga al cuello.

—«¡Ven conmigo, Diablo, te hago mi esclavo!»

—«Guárdame el secreto» —le suplicó Búa— «pierdo gustoso la libertad, seré tu fiel esclavo, te serviré, te sufriré, te adoraré si no le dices a nadie la verdad.»

Este hombre, que era brujo famoso —el Taita Kufá— cuentan que un día se perdió con su perro en la manigua.

Al mismo tiempo, en un cañaveral, una negrita que chapeaba y cantaba con otras negras había desaparecido súbita y misteriosamente. Una bola de fuego corrió entre las cañas dejando un fuerte olor a azufre... Se la llevó el Diablo, decían; aquel diablo caminero que recorría la comarca robando niños y mujeres. Cuando Taita Kufá volvió del monte y se presentó en el poblado, con una mano movía un mazo de cascabeles y con la otra unos cencerros.

«¡Glín-glín,
Jun-gón-gói!»

Como una sonámbula que pisa en sueños, vacilante, le seguía la negrita que había raptado el Diablo. ¡Ah! buena presa, bonita y doncella para un diablo lujurioso. Y el Taita Kufá explicó —sin darle importancia a una hazaña que iba a hacer perdurar su memoria— mientras acariciaba el lomo de su perro valiente...

—«Lo tenía abarcado y de pronto se me volvió humo. Sin embargo pude arrancarle estos cascabeles y estos cencerros. Lo dejé preso en la manigua, ¡maldito Diablo! Y ya no volverá; nunca más volverá! ¡Palabra de Taita Kufá!»

LA GALLINA DE GUINEA CLAMA: ¡PASCUAL, PASCUAL!

«¡Pascual? ¿Pascual?»
 Pascual no era de aquí. ¡No era más que un ave de paso.
 Sucedió que la Gallina de Guinea poseía entonces unas tierras que llegaban hasta el mar y que un día, no lejos de la playa, se encontró un pájaro blanco, desconocido. Y era, le dijo él, «un ave de paso».
 —«¡Qué lindas son las aves de paso, Dios mío!» —suspiró la Gallina de Guinea—. «¿Cómo. te llamas, ave de paso?»
 —«¡Pascual!» —respondió por darse algún nombre el forastero.
 Pascual pasó el invierno en la tierra de la Gallina de Guinea. Invierno de cielos purísimos, de noches estrelladas, de tibieza fragante: en la tierra de Gallina de Guinea no había invierno, es la verdad. A un poco más de frescura, a menos resplandor, se decía invierno por puro formulismo. Los árboles no se desvestían nunca, las flores no morían, no se endurecería el agua. Ni palidecía el sol, ni callaban jamás las noches. Nunca cesaba de latir el corazón oloroso y caliente de la tierra de Gallina de Guinea.

La Gallina de Guinea se enamoró de Pascual. Pascual vivió con ella. Pero Pascual, el ave incomparable, única —lo había adivinado—, necesitaba remontar espacios infinitos, aventurarse por nuevos cielos y nuevos mares; su destino era partir, partir continuamente; y la Gallina de Guinea sentía que lo perdía a cada instante...

—«¿Te olvidarás, Pascual, Pascual, Pascual?» —y en la rama escogida del algarrobo, era su delicia, herida ya de ausencia, quedarse quieta, muda, pegada a la presencia de Pascual. A un Pascual tangible todavía. Sí, porque ella sabía muy bien que Pascual —se sucedían veloces los días—, no era más que un ave de paso, la más bella del mundo, y había de convertirse en un recuerdo. (Aún no había nacido el Sr. Daguerre).

—«¡Ay, Pascual - mi amor: Pascual, Pascual, Pascual!» —y la Gallina de Guinea soñaba llorando por Pascual, junto a Pascual.

—«¿Pascual?... ¿Pascual?»

Pascual había partido.

De aquel amor tan fugaz le quedó la añoranza indecible que jamás se cura. Seguía buscando a Pascual. A los que llegaban de lejos les preguntaba ansiosa: —«¿Pascual, Pascual?»

—«¡Oh, señora, el mar y el cielo... si usted supiera, son tan grandes!»

Lo esperaba. Lo esperaba a cada momento, sabiendo que no vendría; y andaba siempre sobresaltada, vigilante, impaciente, sendereando la manada inquieta de sus hijos que repetían —y siguen repitiendo— sin saber quién era Pascual:

—«¡Pascual! ¡Pascual! ¡Pascual!»

Un invierno sucedió a otro invierno, otros pájaros venían y volvían a marcharse. Pascual, aunque a ella le parecía que estaba allí, invisible en la dulzura quemante de los días más hermosos, en el azul tan tierno y más transparente que el agua, a punto de mostrarse, no retornaba. La Gallina de Guinea sentía su cuerpo decaer: sólo Pascual —¿dónde?— no envejecía. Allá por la Cuaresma, la Muerte empezó a rondar su calle. Reclinada en su ventana (cruzaban el atardecer las últimas golondrinas), ya era muy vieja. ¡Muy vieja...! Tanto, que las gentes se reían de aquella ventanera caduca que prendía diamelas en su cabeza, porque su corazón no había podido envejecer.

—«¡Muerte, espera, si llegara Pas...!» —la Muerte, conmovida, le arrebató el aliento y se la llevó dulcemente, deslizándose con paso leve por la luz entristecida de la tarde...

La Muerte compasiva, buena.

EL CANGREJO NO TIENE CABEZA

A los viejos se les va embrollando el recuerdo de los recuerdos de sus mayores. (Estos sí que hubieran podido decir exactamente dónde Chembé dio las tres voces, el Jején puso el huevo o por qué, y en qué momento, brotó la fuentecilla escondida en el Coco. Si es que todavía hay quien se rasque la coronilla perplejo preguntándose: —«¿Por dónde le entra el agua al Coco?»)

El viejo Ceferino Baró, del Ingenio Santa Rosa, cuenta que a su padre le dijo su abuelo que el mundo no lo hizo Dios con sus manos. No fue Dios quien lo hizo, sino un Diablo hermoso como un hombre y grande como la noche en que estaba tendido —no había más que noche, cielo negro y agua negra en torno suyo—, y este Diablo, oprimiéndose el vientre vomitó todo lo que existe: los hombres, las mujeres, los animales, los árboles. Todo el universo-mundo lo vomitó este gran diablo. El Sol, que le ardía en la boca del estómago; la Luna helada, la multitud de estrellas, los cometas, esos caballos-luceros de larga crín que corren desbocados por el cielo. Pero Gabino Sandoval, que en santa gloria esté con todos sus pecados, aunque ya le flaqueaba mucho la memoria, afirmaba que no señor, que así no fue como nació el mundo; que eso es cuento de congos y los congos son mentirosos. Congos y lucumís siempre estaban encontrados y Baró descendía de Congos Reales y Sandoval de Egbado. No acabarán de ponerse de acuerdo. Los lucumís... la flor de Africa. El mundo lo hizo Olofi. Olofi era albañil, y era, además, lo que hoy se llamaría un mecánico. Un ingenicro. Olofi, Obatalá, Ibaibo... que eran tres y en el fondo no son más que uno. La Piña, el Mamey y el Zapote: tres nombres, tres formas, tres colores, tres sabores diferentes, pero los tres una misma cosa: Fruta. Como el Padre, el Hijo, el Espíritu Santo —para que se entienda—, en lo divino, lo mismo que Piña, Mamey, Zapote y Olofi, Obatalá, Ibaido. Cuando Olofi hubo terminado la bola del mundo levantó las montañas, unas muy altas, altísimas, otras medianas, otras más chicas. Todo muy sólido. Todo lo que construye es firme, eterno. Aquí cavó un agujero inmenso, profundo; allí otro más reducido y otros más pequeños y más pequeños que llenó de agua; y estos fueron los mares, los lagos, las lagunas... Y venga a hacer surcos, derechos, sinuosos, más largos, más cortos, más anchos, más estrechos, ciñendo las montañas, atravesando las planuras de la tierra; y el agua, contentísimo, es echo a andar por estos surcos. Olofi hizo entonces los caminos a semejanza del río. Pero nadie transitaba por ellos. Sólo el viento. Los caminos tuvieron que marcharse solitarios y mudos. ¡Qué silencio el de los caminos! Sólo se oían los ríos que andaban cantando a toda agua, peregrinando por el mundo. Entonces Olofi se dijo:

—«Voy a hacer a los hombres para que animen los caminos.» Ahora bien, lo que hizo Olofi —no vaya nadie a confundirse— fue el cuerpo; nada más que los cuerpos de los hombres. No hizo las cabezas ¿Por qué? No se sabe... cabe suponer que no le daría la gana... Quizá algún viejo memorioso se acuerde de haberle oído algo más sobre esto a sus viejos. Pero hay cosas que ya sólo los muertos pueden contestar. Preguntarlo a un muerto. A veces nos aclaran en sueños los recuerdos.

Los cuerpos que hizo Olofi se movían. Iban de un lado a otro, pero sin dirección. Andaban sin cabeza y sin rumbo. Continuamente se rompían brazos y piernas.

Obatalá le hizo notar a Olofi que a sus hombres les faltaba algo.

—«Algo con qué pensar...»

Y fue cuando Obatalá, que era modelador e iba a hacerse cargo del asunto de las almas, les hizo Erí, las cabezas.

Para que las cosas queden bien, hay que fabricarlas con despacio. Todo lleva su tiempo. No se puede, no se debe andar de prisa ni haciendo una nariz de negro, y Olofi, Obatalá, Ibaibo, trabajaban despacio. Y ya nadie los imita; ahora todo el mundo quiere acabar pronto, acabar al empezar apenas, acabar hasta con la propia vida; las manos ya no sienten cariño por lo que tocan —no se tardan—, así se malean los oficios... y así anda el mundo.

La cabeza pensaba. De un modo distinto, enmarañado, que nadie puede imaginarse ya. Pensaba con mucha dificultad —pegujones de ideas—, y lo que pensaba lo callaba... y si lo decía, otra cabeza no entendía nada, porque cada cabeza pensaba lo suyo.

Vino Ibaibo y comentó:

—«Muy bien, muy lindo. Pero no oigo que hable.»

—«Ibaibo —dijo Olofi—, dale la palabra y la vista.»

Ibaibo hizo una ceremonia. Con un cuchillo le abrió la boca, y en medio de la lengua, trazó una cruz.

«Di bayekumao-kué yumao.»

El hombre habló entonces:

—«Etiémi! ¡Yo! ¡Yo soy!» dijo resueltamente el hombre con mucho fan fan.

Ibaibo sólo tiene un ojo en la frente. Un ojo como el de la Divina Providencia, y no se le escapa nada. Por eso los Santeros nunca destapan de pronto la sopera blanca donde tienen a Ibaibo, sin desviar al mismo tiempo la mirada. Los cegaría el rayo luminoso del Ojo de la Divina Providencia... A Anón la pordiosera, con un siglo a cuestas de miserias y recuerdos, le parece haberle oído decir a un africano, en tiempos de la esclavitud, que cuando se empezó a fomentar el mundo, los hombres tenían los ojos en la parte superior y redonda de la cabeza. Hay quien dice también que al principio los hombres no tenían boca y no comían más que flores con las narices..., pero Mamá Dionisia se ríe de eso; nunca les oyó a los suyos nada semejante. Debían ser cosas de blancos... Lo cierto, lo que ella supo de buena tinta, es que los primeros hombres vivían en el Cielo —que era muy frío— y que en la tierra vivían los animales. Cuando los hombres bajaron a la tierra, Dios les dio el Fuego. Llegaron y encendieron hogueras. Las llamas calentaron el Cielo. Era conveniente. Por eso Dios les había dicho que bajasen. Enseguida sacrificaron animales, los asaron y se los comieron. Nasakó fue el cocinero. Cada negro de nación sabía estas cosas a la manera de su tierra, y en la lengua del abuelo de Mamá Dionisia, Olorún, Olofi y Obatalá, se llaman Abasí.

Bien, Ibaibo le puso al hombre la palabra en la boca, la vista en los ojos. La cabeza pudo ver lo que pensaba y pensar en lo que veía, y con el tiempo, en lo que no veía; o fue dejando de ver. Habló claro; entendía y la entendían.

Ahora las demás criaturas también quisieron tener cabeza. Cosa muy natural.

El Cangrejo fue el primero que habló del asunto con Obatalá.

—«A nadie le faltará su cabeza» —le dijo Babá—, «para eso estoy trabajando sin cesar desde que amanece hasta que anochece. Vuelve de aquí a un tiempo y te daré tu Erí.»

¿Qué hizo el Cangrejo? Se fue tierra adentro; luego por la costa hasta lo último, anuciando que Obatalá, a instancias suyas, estaba fabricando cabezas al por mayor y que muy pronto todos podrían disponer de un adminículo tan necesario y a veces de tanto adorno.

Mientras tanto, pasaron días y días. Obatalá llamó al gran reparto de cabezas, que tuvo lugar al pie del árbol Oú, y la multitud de seres vivientes, prevenida por el Cangrejo, corrió a recibir el precioso donativo que les hacía el Orishanla. Cada cual se encasquetó su cabeza. (La misma que han seguido usando hasta el presente.)

El Cangrejo, que camina reculando y desviándose, tres pasos atrás, tres pasos a un lado, nunca en línea recta, demoró tanto tiempo, que al regresar de su viaje oficioso, se habían acabado las cabezas. Cada uno se adueñó de la que Obatalá le tenía destinada.

¿Quién se llevaría la cabeza del Cangrejo?

Era el único animal que había faltado al repartimiento.

—«Lo siento» —le dijo el Señor— «a estas horas tienes que quedarte como estabas. No hay una sola cabeza de sobra en el taller.»

Ahora bien, el viejo Rufino, que era Musunde, narraba esta historia de otro modo. Había un hombre que no tenía cabeza, sin embargo, se las arreglaba bastante bien con las manos... Tan bien, que todo se lo apropiaba. El Cangrejo era bueno, era noble, fatalmente confiado, y aquel hombre era su amigo.

Un día por hacerle un favor, Cangrejo le prestó su cabeza. Insambia Punguele había citado a todo el mundo a la Loma Cheché Kalunga, donde vivía, para discutir y resolver entre todos, amistosamente, en la medida de lo posible, quién debía de nombrarse Capataz en la tierra para que los mandase a todos. El hombre se desenvolvió tan bien con la cabeza de Cangrejo, miró, observó, movió los ojos y, sobre todo, argumentó con tal elocuencia, que Sambia no dudó en proponerlo y hacerlo aceptar como Jefe.

El Cangrejo, que no había asistido a la reunión, esperaba a su amigo, un tanto impaciente, a la salida de la loma.

—«¡Qué hace usté ahí?» —le preguntó el hombre al verlo.

—«¿Qué hago aquí? Pues esperarlo a usté y a mi Cabeza.»

—«Pues bien, sepa que he decidido quedarme con ella.»

—«No es necesario que se quede usté con ella, pues cuantas veces me la pida, tendré mucho gusto en prestársela. Pero ahora, devuélvamela enseguida que esta noche...»

—¡Bah! ¡A mí me hace más falta que a usté! ¡Dése por descabezado y asunto concluído! Adiós.»

—«¡De ningún modo! No consiento. No...» —pero el hombre, el Jefe, sonando el látigo de cuero de manatí que Isambia le había entregado como atributo de su cargo, le dijo así:

—«¡Cangrejo, si vuelves a molestarme pidiéndome tu cabeza, te desbarato!»

¿Podía esperar tal infamia el bondadoso, el complaciente y desprendido Cangrejo? Tan de sorpresa le tomó la traición del amigo, y el chasquido del látigo lo amedrantó tanto, que de un brinco dio de espaldas en la cumbre de la loma. Luego rodó la cuesta, y donde antes llevaba la cabeza, se le clavaron las dos piedrecitas que hoy le sirven de ojos. Pero todavía Taita Abundio Zarazate dice que si el Cangrejo no tiene cabeza, es porque Elufá, ¡maldito Elufá...! Pero esta es otra historia, una historia muy larga que contaba un gangá.

SUSUDAMBA NO SE MUESTRA DE DIA

«¡Chalé... Chalá...!»

Las Lechuzas, en un valle profundo, cerrado en redondo por montañas ceñudas, constituían una tribu numerosa que no quería al sol. (Tampoco el sol las quería a ellas.)
 Por un mismo grito de desgracia, estaban emparentadas con todos los avechuchos que, desde las primeras estrellas, hacen estremecer de un terror repentino e indifinible el corazón del hombre en la noche; pero hasta después del zambeque que aquí se contará, nadie, enantes, las conocía. Ni aún el cernícalo, que había recorrido las alturas y la extensión del cielo en todas direcciones, tenía, de su verdadera existencia, una idea muy precisa.
 Ignorantes e ignoradas del resto de las criaturas que poblaban la tierra, vivieron muchos siglos meditabundas, quizás felices, en su aislamiento absoluto y en su hoyo de noche siempre; pero una vez el lechuzo «Yo Miro, Miró, Remiro» —por efecto de haber cambiado fortuitamente de postura en la rama sobre la cual meditaba estereotipado año tras año—, alzó a deshora la cabeza y vio en el cielo tendido de cumbre a cumbre, una nube muy limpia, recién al-

midonada, que recogiéndose la cola con mucha gracia, cruzó por encima de la doble barrera de frentes taciturnas. Y este lechuzo en vela, cuando ya todos los demás dormían entrada la mañana, se volvió curioso y expió el tráfico del cielo alzando la cabeza y doblándola hacia atrás para mirar hacia arriba, como ningún lechuzo tuvo jamás la idea que ello fuera posible. Empezó a maliciarse que cielo y mundo se extendían un poco más allá del otro lado de las montañas. Se hizo conversador y preguntón. Incapaz de volver a ocupar en su guara el mismo círculo de soledad y de mutismo, el lechuzo preguntaba con una inquietud que le consumía secretamente, pero que no tracionaba sin embargo, la inmovilidad de su expresión. Conocía, sin reconocer, las torturas interiores que preceden a la revelación más sencilla. No era para menos.

—«¿De dónde vienen, adónde van las nubes?»

Lo cierto es que nadie lo sabía y a nadie le importaba, y los ojos no iban más allá de los ojos, no franqueaban los montes prendidos en las nubes. Quedaban los ojos de las lechuzas de mucha ciencia. La mirada tenaz que perfora las peñas. Pero los sabios de la tribu —por no dejar de parecerlo— sabiamente callaban. Endurecíanse, agrandábanse cada vez más sus máscaras como labradas en piedra, y se obstinaban en un silencio lleno de reticencias. Sólo el más viejo y pensador, el más sabio, Okbó-Alase, guardador de las historias y secretos de la tribu, quien de tiempo en tiempo anunciaba, abstraído, a la muerte y la tenía estampada en el fondo de cada pupila, consintió en hablarle y esclarecerle el misterio.

Tenía la edad del valle y de la noche. Su lengua acumulaba verdades.

El lechuzo abrió aún más sus ojos, no queriendo perder una sola palabra de luz, cuando el viejo, disponiéndose a hablar, con gesto grave y confidencial le cubrió paternalmente con un ala. Pero su lengua se movía muda y su boca exhaló una bruma espesa... Así la explicación fue una niebla oscura, indolente, que se extendió ganando y empañando el valle, desvaneciendo y confundiéndolo todo. A su gran asombro, forma imprecisa deshaciéndose en un mundo sin contornos, indefinible, árboles, montañas y lechuzos fluídos y disueltos en la niebla errante —el gran sabio de todos los sabios, y la tribu y todas las cosas difusas y confusas—, vagaron lo que debió durar el discurso nebuloso de su mercé Señor Padre. Con lo cual el joven lechuzo se quedó muy despagado, y desenredándose de la matulanga de tinieblas en que estaba liado, sintió un gran calor y una fuerza en el sitio que ocupa el corazón; se dio él mismo un picotazo ; tomó con entusiasmo esta decisión y dio parte de ella a sus semejantes, quienes no le prestaron la menor atención.

—«Subiré a lo alto, altísimo e iré donde me lleve el viento.»

En todo el círculo adusto del horizonte de montes, los ceños de eternidad se fruncieron. No dejó el lechuzo de entender la muda e imponente reprobación de las viejas montañas enlutadas, que se elevaron más, juntando solemnemente las cabezas en la primera palidez nocturna, haciéndole sentir cuán insignificante era él y cerrando herméticamente, en su sueño, al valle.

Lechuzo, por encima y a espaldas de aquella inmensidad oscura de silencio y piedra, le parecía oír resonar, animarse, otros cielos. En confuso y lejano rumoría creyó oír distintamente un nombre. Una llamada... Abajo rastreaba sollozando de sombra en sombra, el viento del valle. Lechuzo ganó la montaña. Arriba, el viento ancho y libre de las alturas, Afén, lo llevó muy lejos, por todos los cielos presentidos; lejos, por la suavidad desconocida de un cielo de luna.

Lo llevó al país de las Gallinas.

«¡Ché-ché-charraá-Zá!»

Aenas pisó tierra firme el aventurero, se vio rodeado de gallinas zalameras que le dieron la bienvenida; toda la población entre maizales despertó de pronto, y la nueva de que había llegado un extranjero —de la luna— cundió con rapidez de fuego.
—«!Alabado sea Dios! ¡Un hombre, un hombre!»
—«¿Es hombre?»
—«¿Lo habéis visto bien?» —indagaban las ciegas extendiendo las manos y palpando en el vacío.
—«¡ Y buen mozo!»
—«¡Blanco y lindo como la misma luna!»
Con esto, la noche del país de las gallinas verbeneaba y se estremecía de la emoción más viva: fue un cacareo de júbilo en toda su extensión. También despertaron y alegremente agitaron sus brazos los maizales; corrían los campos con un ruido metálico, enredándose los andrajos y las greñas de su oro pajizo. Las mazorcas tiernas, apretando los dientecitos, rompieron las telas; se reían sin saber por qué, con una alegría incontenible de niñas locas, a grititos, como se ríe Mamá Panchita cuando le suena su bullarengue, la Titundia canta en el mar y juegan los muñecos de su juguetero al Juan Perillán.

El entusiasmo se hizo delirante: al aviso acudían todas las gallinas, hasta las cluecas, las viejas; hasta las moribundas, ñangadas, que iban a hincar el pico.

Exageraron —con no poco menoscabo del bien parecer—, las muestras de hospitalidad y simpatía. Al extremo que los gallos, alarmadísimos, las reprendieron como era debido.

—«¡Koró-Koró-Koró-Ko!»

Sólo que ellas, de más en más estrepitadas y pizpiretas, no les hicieron caso.

—«¡Ká-Ká!»

Media noche encantado pasó Lechuzo en el país de las Gallinas requebrándolas; y muy enamorado, a cambio de piropos, recibía suspiros, miradas de fuego, promesas abrasadoras. Cuando temeroso del claror de madrugada —porque en lo oscuro de su memoria, la vaga claridad le hizo presente los peligros de aquella vieja rencilla entre el sol y su raza—, preguntó:

—«¿Qué hora es, señoras mías?» —un gallo muy puntual cantó las tres.

—«¡Kikiriquií - Kikiriquií - Kikiriquií!»

—«¡Adiós linduras, adiós luceros!» —suspiró Lechuzo. Y dejándolas a todas prendadas, escapó:

«¡Chá - ché -zá!»

De regreso a su tierra, contó en la plaza de las tétricas guásimas (donde colgaban de las ramas, como ropones de dormir, las almas de muchos ahorcados por el tedio) su maravillosa aventura.

¿Quién podía sospechar los ojos de las gallinas?

Les habló de felicidad, de dulzura y de gracia, cosas inauditas que se daban a raudales en tierras donde se pensaba lo menos posible. De lo que allá decían y era sandunga y chispoleteo.

—«¡Qué Gallinas, hermanos; qué señoras tan amables y tan hermosas!» —afirmaba Lechuzo conmovido—. «Verlas y quererlas es una misma cosa. Y qué cariñosas, qué agradecidas y generosas. Todas alegres y bonitas. ¡Alegres! Y buenas... ¡Qué buenas son las gallinas!»

La felicidad del Lechuzo se hacía contagiosa. Todo su cuerpo la despedía y parecía más leve, más móvil, posado en la rama de la guásima, entregado a los transportes de su entusiasmo y a un placer regustado en la confidencia. Un anhelo de felicidad se apoderó de cada oyente; se hizo unánime; a la vez que la vieja tristeza escondida en el corazón opaco de las lechuzas, aquel dolor secreto y recogido les subía a los ojos redondos concentrado en una lágrima. Ansiosos de felicidad, lloran los Lechuzos.

—«¡Llueve!» —dijeron los indiferentes que paseaban bajo los árboles.

Así cada uno derramó la lágrima que contenía siglos y siglos del pesar recóndito, obstinado y nunca dicho; aligerados sus corazones, exclamaron a la vez con un acento tan siniestro como decidido:

—«¡Todos queremos ser felices! ¡Todos queremos gallinas!»

A las ocho de la noche, media tribu de lechuzas, batiendo alas de blancura astral, volaba al país de las gallinas.

¡Chá
    Chá
        Chá
            Zá!

—«¡Más hombres, más hombres, Santísimo Sacramento!»

—«¡Cuántos, Virgen María —si hay para todas—, Bendita Seas!»

Persignábanse las gallinas en acción de gracias, viéndolos trémulas, llegar en bandadas. Al ocultarse el sol, después de la oración, se habían negado a recogerse. Ahora, en su precipitación y alborozo, destrozaban los nidos, pisaban los huevos, hacían fango de las yemas. Desde el atardecer esperaban devoradas por la duda, volviendo los ojos al cielo continuamente, interrogando cada tímida estrella que iba apareciendo.

—«¡Kó, Kó, Kó, Koo!» —protestaron los gallos nerviosos, tropezando en la algazara.

—«¡Ké, Ké, Ké! ¿Ké?... ¿Ké?»

(Cuidado Gallo carrancudo con meterte en nada de esto. ¡Vete! ¡No molestes!)

Aquí fueron los saludos, las presentaciones, los cumplidos. Al principio los lechuzos trabados y ceremoniosos —no salían de su asombro— pasearon el parquecillo llevando del brazo a las gallinas. Resonaba la noche martillada de grillos, perfumada y fresca; giraban y giraban señoras y caballeros; se marearon. Y al fin las gallinas se abandonaron de tal modo a su inclinación y sentimentalismo, que perdieron la cabeza; y lo que hicieron aquella noche en el parque, con pasión, bajo la luna —que cerró los ojos— lo hicieron sin melindres ni reparos...

Desde entonces las amorosas Gallinas se vieron a diario con sus galanes; y tantos, tantos eran los galanes y tantas las doncellas que perdían la honra, las señoras que se hacían adúlteras paseando el parquecillo —al pie de la Naranjita del Obispo se daba la Reina Quiquiriquí— que los Gallos desoídos, postergados, escarnecidos y verdaderamente incapacitados para ponerle coto a la infamante conducta de sus mujeres, se reunieron secretamente en junta.

Dijo Maratobo, Caballero-Alcalde-Regidor, dando un aletazo iracundo:

—«¡Quién lo hubiera creído antes que llovieran del cielo estos lindones! ¡Ya todos somos...!»

Los pescuezos se estiraron y encogieron alterados. Temblaron las crestas. Se miraron convulsos, entreabriendo los picos porque les faltaba el resuello, todos los gallos de la tierra; y el bravo capitán Quirito no pudo hacerse el desentendido por mucho que agitó sus plumas, ni el Giro altanero, ni el Girolí fanfarrón y cogotudo.

Calló estupefacto el gran Maratobo, cualquiera sabe si dolido en sí mismo por todos del calificativo infamante que se le iba a escapar, que no dijo y que

todos oyeron y sintieron en sus carnes como un espolonazo.
—«La situación es grave. ¿Qué hacer? Acabaremos todos. Al paso que van las cosas... ¿Quién me continuará? ¡Desapareceran los gallos... y en mí acabará Maratobo y no más Maratobos sobre la faz de la tierra! ¡Esto es intolerable!»
Las gallinas en su enamoramiento, sin que nada les quedase por dentro, sin intentar —siquiera por consideración— hacer las cosas a lo sucusumuco y que no se diga, se habían declarado rebeldes. No se avenían ni a cubrir las apariencias; no entraban por vereda ni a las buenas ni a las malas; sordas a todas las razones que refunfuñaba el Gallo, inútilmente espetado. No temían la autoridad de sus maridos: furiosas se levantaban del suelo a toda prisa. Los despreciaban, los insultaban, se las entendían con ellos de igual a igual, a puros picotazos. Y no ponían. Apenas declinaba el sol se emperifollaban, se adornaban con collares de flores de maravilla y esperaban refitoleras a sus amantes.

Inútilmente discutieron los Gallos sin resolver nada. Todo fue hablar del buen tiempo viejo, sin maldad ni rarezas, cuando cualquiera Gallina era honesta. Un gallo pedía la palabra, se le embrollaban las ideas; otro le interrumpía para enredar aún más el problema. Los más inteligentes se dormían olvidando lo afrentoso de su situación, el honor de todo un pueblo herido en lo más sensible. Al cabo de tanto parloteo no se hallaba el modo de conjurar el mal. Por fin, alguien tuvo una ocurrencia feliz.

—«¡Pedro Animal!» —propuso—, «pidamos consejo a Pedro Animal: su parecer será nuestra guía.»

¡Ah! Ño Pedro Animal, pelo de soga, canángano y canángano, diente de caimán, colmillo de diablo carabalí, que tenía los brazos y puños de hierro, las costillas de Quiebra hacha y el pecho de piedra dura de San Miguel. Ño Pedro Animal era valiente como un tigre y astuto, prudente y desconfiado como Jicotea, que lleva la casa a cuestas por ser lo más seguro.

En el bosque, Ceiba; por los aires, Gavilán; Tiburón en el mar. ¿Quién le disputaba una victoria a Ño Pedro Animal que siempre imponía su voluntad? Todos los animales lo respetan, porque aun siendo animal, posee la palabra y la inteligencia del hombre, y sabiendo todo lo que saben los animales, sabe más que el hombre. (Dios le tenía en gran estima).

Pues se nombró una representación compuesta por los Gallos más pundonorosos y con la honra más lastimada, para que expusiera a Pedro Animal el conflicto doméstico que les amargaba a todos la existencia; los cuales, a media tarde, lo hallaron durmiendo en una espelunca y le manifestaron que «las Gallinas iban a poner huevos de Lechuzo». Que esto ellos no debían tolerarlo, y que teniendo en cuenta que la prolífica nación de los Gallos le pagaba un tributo de muchos miles de canastos de huevos fresquísimos, tan apreciable nación contaba con él para vengarse cumplidamente de los inconsiderados querindangos de sus mujeres.

Entre dormido y despierto, Pedro Animal creyó que los Gallos venían, oficiosamente, a contarle el cuento del «Gallo Pelado» y no les ponía mucha atención, suponiendo que cuando él decía sí, en su modorra, el otro le contestaba: «Yo no te digo que sí, sino que si quieres que te cuente el cuento del Gallo Pelado». Y otra vez: «Este era un Gallo que tenía los pies de trapo y la cabeza al revés. ¿Quieres que te lo cuente otra vez?» Pero a medida que despertaba, y a fuerza de repetirle el Gallo Mayor su desgracia y caer en lo de los huevos —que a Pedro Animal le gustaban en extremo— se dio, alarmado, unos golpecitos sobre las losas de San Miguel de su ancho pecho habitadas por buenos espíritus e, incorporándose dispuesto a tomar las riendas de aquel asunto, que sin duda le afectaba, les dijo así:

—«La noche es una bruja mentirosa y una gran encubridora. La alcahueta de los Lechuzos y su madrina de pila. La historia es muy antigua, muy embrollada y larga de contar... Pero haced que las Gallinas los vean, no como los ven soñando, sino como son. ¡Al sol, que no anda con tapujos, que barre la ilusión!»

Los Gallos: —«Aáhe ¡ah! ¡áh!»

Dijo Pedro Animal: —«Por cumplo y miento de sus visitas y so pretexto de devolverles las finezas que ellos se gastan con las Gallinas, invítense a todos los animales, del Elefante al Jején, a bailar en honor de las Lechuzas. Ningún Gallo cante las horas; que el sol las pille y sean testigo de lo que ocurra entonces, todas las criaturas del mundo.»

Así se hizo. Con un discurso rebuscado que compusieron delicadamente las mismas Gallinas —como un tablero de dulcería— se mandó a invitar a la reina Susundamba, quien deseaba conocerlas sin encelarse nunca por cuanto imaginaba que en aquella tierra, bella y lejana, se pasaba con sus vasallos; porque si todo ha de decirse, esta reina no era varón ni hembra: nada más que reina y lechuza.

El hecho de que los hombres de la nación Lechuza se lanzaran en busca de amor por cielos extraños o prohibidos no fue causa de que produjese en sus mujeres la menor alteración. Ellas —como poco antes ellos— también pensaban, pensaban intensamente; no tenían más ocupación ni afición. Vivían tan metidas en sí mismas que no podían salirse de sus profundidades, como la piedra sumergida en el fondo del pozo. Cuando un Lechuzo maquinalmente las cubría, serias, imperturbables, lo consideraban a igual distancia de sus cuerpos que la estrella más remota y vaga. No interrumpían sus cavilaciones y la especie meditabunda y soturna, se multiplicaba... Cuestión de rutina. Además, un número considerable de Lechuzas eran Iyalochas consagradas a Yewá, la tétrica Virgen de la Muerte, que rige con sus dos hermanas la vida subterránea y secreta de los cementerios. Y estas Iyalochas han de ser castas como Yewá: limpio el corazón, limpios los ojos, las manos y la lengua. Casto el dormir.

Allá en el valle nocturno todas las Iyalochas servían a Yewá y ninguna, ni en recuerdos, pecaba: habían envejecido puras y, por lo demás, todas las lechuzas, en el valle sombrío, parecían viejas.

La noche del baile, con su blanco cortejo, la reina Susundamba llegó por los aires tocando el tambor:

—«¡Que pié, que anda, kainche, kaínque, kaínque, kinché!»

Tan seria, tan pensativa, con sus grandes ojos escrutadores y su moño blanco, la reina Lechuza tocaba el tambor, y a su toque extraño se alegraron y bailaron todos los animales conocidos allí reunidos.

Sin embargo, esperando que rompiera el alba, los Gallos, que debían enmudecer como Ño Pedro les había advertido, seguían rezongando: con el Kóro, Kóro, Kóro, Kó, empujando a las Gallinas, que escandalizaban cuando ellos las topaban.

La reina Lechuza —era hermosísima, afirmaban—, bailando una rumba patoja, de tarde en tarde miraba con incertidumbre al cielo y le decía a sus vasallos:

—«Cuando sea de día me avisa,
¡Con el tún, tún, Mabella!
Cuando sea de día me avisa,
¡Con el tún, tún, Mabella!»

De pronto el Sijú Platanero, que fue de los invitados y había venido al baile porque el ahijado del primo de un entenado de la cuñada de su compadre el Boyero, le había dicho que empezaba a rumorearse en todas partes que ya eran putas —sin decoro— las Gallinas, por lo que pudiera pasar de reprobable, se llamó al orden a sí mismo con gran alarma:

—«¡Sijú, Sijú, Sijú!»

y su grito dominó un instante el bullicio. Sucedió con esto que los Gallos no pudieron contenerse al oirle; primeros relojes vivientes del mundo, les pareció que un impostor les suplantaba en el oficio: «¡Tchlá, tchlá! —agitaron las alas y— «¡Kikiriquií! ¡Kikiriquií! ¡Kikiriquií!»... dieron la hora.

Los Lechuzos sintieron el día cercano; sol, en el grito de oro de Maratobo y dudosos de si era el sol quien cantó o cantó el Gallo,

«Chalée... Chalá...»

huyeron de la fiesta, con la Reina a la cabeza, tocando el tambor.

La reina Lechuza, señora que ignoraba la alegría, había sin embargo disfrutado mucho. Volvió a la noche siguiente con su gente. Y se armó la fiesta; tocó su tambor y bailó su rumba patuleca.

—«Que pié, que anda, kaínche, kainchéque, kinché.»

Siendo ya tarde, al decir:

—«Con el tún, tún, Mabella,
Cuando sea de día me avisa,»

Sijú, que sofocado se había retirado del grupo de los bailadores y bebía en una fuente, al descubrir su propia imagen a sus pies, reflejada en un cielo invertido de agua de luna y de estrellas temblorosas y pálidas —una que flotaba más viva e inquieta que las otras culebreándole en el pico—, empezó a saludarse complacidísimo hasta gritar como un espirituado:

—«Sijú, Sijý, Sijú.»

Otra vez los Gallos sobresaltados, maliciando la superchería del intruso, picados por su exactitud, se apresuraron a imponerle silencio cantando oficialmente la hora a todo lo largo y ancho de la noche:

—«Kikirikií, Kikirikií, Kikirikií.»

Vacilaron las sombras. Pestañeó el campo.

«Chaleé... Chalá...»

y escaparon las Lechuzas, la Reina la primera con el tambor y una flor de Jirajira húmeda de luna.

Fue menester que los Gallos emprendieran de nuevo el camino que conducía a la cueva de Pedro Animal. Confesaron su fracaso.

Pedro Animal ya no tenía huevos frescos en su alacena. No entró en explicaciones; tamborileó en un tamborcito y a poco se presentó el jefe de las Bibijaguas con muchos millones de bibijaguas.

Resopló en un cobo. Dio una larga voz azul la mar escondida en el caracol, y acudió sesgado y ligero el Jefe de los Cangrejos con muchos millones de Cangrejos, rehuyendo obstáculos imaginarios; unos cargando sacos de arena, otros acarreando piedras con las tenazas.

Desprendió siete yerbas diferentes. (Dos briznas de Kimbinchi le hubiesen bastado.)

Cantó Pedro Animal: «Ochiché, ochiché»... Corrió el canto al monte. Los árboles obedecieron; se pusieron en marcha y, del monte firme, atravesando la sábana, llegaron —andando sobre sus raíces que avanzaban como pulpos— guamas, jocumas, ácanas, cedros y caobos.

Silbó Pedro Animal entre sus dedos; de una rama voló el jefe Carpintero; de todas las ramas volaron Carpinteros.

Satisfecho, Pedro Animal miró en derredor. Recapacitó... Faltaba un poco de frescura; no, no había agua abundante en aquel paraje. Pero extendió un brazo que se alargaba, se alargaba, y la mano, allá en la lejanía, con el índice y el pulgar desprendió un río cristalino, lo trajo y puso a correr cerca, donde más le convenía.

Con las Bibijaguas, los Cangrejos y los Carpinteros —tón, cón, cón— se levantó en poco tiempo una casona enorme de sillería.

Ya nadie pensaba más que en bailar y ahora fue Ño Pedro Animal quien invitó a su casa a todos los animales grandes y chicos que tiene el mundo. Para que la fiesta quedara más lucida y fuera plena la alegría, también convidó a los negros. No olvidó a nadie... Ni a la guasasa, que estrenó mitones; al dulce y triste coconí y la Cucarachita Verde, ni al pobrecito Chichí, cocuyito ciego. (Coracÿí juró que no picaría).

Así, con la fresca, cuando empezaron a ensoñar los árboles y a embrujar la noche, llegaron por tandas de todas partes ;los pobres a pie; los ricos, a caballo o en volantas. Seguro de que no faltaba uno solo de sus invitados —y este tardío fue la Babosa—, Pedro Animal cerró a cal y canto puertas y ventanas. A los Gallos dejó fuera, en los balcones y aleros, esta vez bien atados los picos con tiras de cañamazo, todos protestando y ya sin acordarse del motivo de la fiesta. (Memoria de Gallo.)

Adentro apremiaba un tambor irresistible:

«Bombo-ín, Bombo-ín»

Fue espesándose, creciendo el toque. El baile se prendió a las cinturas y ardió en música de fuego la creación entera allí encerrada. Ni un momento cesó el tambor, rojo, magnífico como una tempestad, apretando hasta el delirio.

«¡Kinbán-katanka-kinbán-katanka!»

Por precaución o por hábito, la prima noche preguntaba la Reina Lechuza, pero sin que pudiera dejar de menearse ni librar su cuerpo de aquella fuerza que lo regía desde el tambor.

—«Cuando sea de día me avisa,
Con el tún, tún, Mabella»

y miraba las tablas oscuras del techo que tomó por cielo.

Las Gallinas, aquella noche, se habían sentido particularmente orgullosas de sus galanes cuando antes de que rompiera el baile los vieron entrar preciosamente calzados, gallardeando por el gran salón de Pedro Animal y oyeron los zapatos relumbrantes que sonaban:

«Busikí, Busikiá...»

suprema elegancia. Y ellos, por su parte, estaban tan satisfechos de sí mismos, de sus zapatos, que no hubieran podido imaginar más que venturas perdurables.

Se encontraban; por costumbre se preguntaban entre dientes:
—«¿Ya es de día?»
—«Todavía.»
—«Pues bámbara, fotuto wasasa, ekitiyá», y seguían bailando confiados.

Por las tres de la mañana, la reina Susundamba

se había olvidado de todo. No preguntaba la hora. El tiempo no existía. Estaba en la mitad del vórtice de un ciclón de rumba. Cuanto más violentas las ráfagas la azotaban, y más fuertes le llovían encima los redobles, desmemoriada y contenta, mejor se zarandeaba la Reina Lechuza.

Los animales y los negros bebieron aguardiente de caña y se emborracharon todos. Las Lechuzas... hasta el Piojo.

Sijú ebrio, a las tres en punto, después de haberle silbado a todo el mundo sin que nadie le contestase ni se tomase el trabajo de volver la cabeza, pensó en un momento de lucidez más o menos delirante, si él verdaderamente sería sijú o no; al sentirse disperso, voleado por el tambor, presa de un terror extravagante, gritó:

—«¡Sijú! ¿Sijú? ¿Sijú? ¡¡Sijú!!»

Por el campo azul mojado de plata fue dando tumbos la casa, techos, columnas, balcones, anchas paredes, bailando al «Kaínque-Kinchéque-Kinché-Kecheque-Keché»; y por el cielo la Luna corría a su zaga, la Luna espantada, greñuda, con cara de loca finflona, arrastrando un lucero atado de un hilo.

Serían las cinco cuando Jicotea se volvió boca arriba y al Cienpiés sólo le quedaban dos; los cucarachones bigotudos, despanzurrados, daban vueltas sobre sus alas rotas; y la Cucarachita Martínez se desmayaba en brazos del Ratón Pérez.

Los Caballos, que habían perdido sus herraduras, los Toros destarrados, las señoras Vacas con los ajustadores desabrochados, los Carneros, los Chivos, los Perros; los Cerdos honorables, los Venados, los Gatos, Conejos y Jutías, toda la gente, en fin, de cuatro patas que anda la tierra, trepa los árboles o la que se arrastra como el señor Majá de Santa María; los Pájaros, toda la gente del aire desde el Aura Tiñosa, legañosa y desgargamillada (que posada en la viga maestra del techo llevaba el compás y vomitaba, regocijada, sobre las cabezas de los bailadores), hasta el Zun-Zun menudo y fugaz como un instante y el translúcido Caballito del Diablo, movíanse sin alientos, tambaleaban extenuados, pero sostenidos por la magia poderosa de los tambores, continuaban bailando a la par de la negrada jadeante y posesa.

Cuando el sol subió al cielo asiéndose a las mechas de las palmeras, no quedaba rezagada ni una sola sombra y se hizo la mañana grande, Pedro abrió de pronto las ventanas.

Un torrente de luz inundó inopinadamente el interior de la casa que enmudeció unos segundos, y la noche encerrada, se deshizo de repente. A un mismo tiempo los Gallos, sin mordaza, cantaron las horas olvidadas saludando al sol y, en la fúlgida gritería, resucitó cruel el tiempo para las Lechuzas. El viejo enemigo a boca de jarro les enviaba un aluvión de flechas hirientes, tan envenenadas de su odio, que las Lechuzas, despertando demasiado tarde de su borrachera, comprendieron que no había salvación, que estaban perdidas; irremisiblemente desprestigiadas para el resto de sus días y de su amor...

—«¡Insambi!» —exclamó desde un rincón detrás de la puerta la Araña Peluda —otro engendro de la oscuridad— que miró con sus ojos a pares y se quedó atónita.

—«¡Yansa, jekua jei!» —gritaron los negros volviendo en sí.

La reina Lechuza, horas antes toda albor, era un pajarraco terriblemente feo. Daba frío mirarle. Sus pupilas paralizaban de miendo como la revelación súbita de un pavoroso e inevitable misterio. Lúgubre pájaro espantapájaros venido del fondo de las tenebrosidades de la muerte. Los blancos caballeros de la Luna, los galanes garbosos que embelesan con su hablar y sus caricias a todas las Gallinas que durmieron sobre sus pechos, los elegantes cuyos zapato lustrosos chirriaban que era un gusto —Busikí, busikiá—, aparecieron bruscamente, tan espantosos y repugnantes, tan fúnebres y siniestros en su azoramiento de extraños muñidores confabulados con el Diablo y todo lo Malo Escondido —heraldos y portadores de desgracias—, que las Gallinas ensordecieron el mundo, mientras las Guanajas, de pensar que hubiera podido ocurrirles lo mismo, corrían suplicando:

—«¡Quítame pránga, quítame pránga!»

—«¡Sola vaya!» —rugió el gentío al descubrir entre ellos al mismo Espíritu Malo, a los compinches y emisarios de la muerte.

En el zafarrancho de todas las especies, acribilladas de gritos, berridos, aullidos, graznidos, rebuznos, ladridos, bramidos, relinchos, zumbidos, las Lechuzas, pugnando por escapar, chocaban encandiladas con las paredes luminosas, se desplumaban tropezando con todo bajo un torrente de improperios y amenazas. Ciegas y perseguidas por el terror unánime se enredaban aleteando en las mallas de luz, hasta que, penosamente, a tumbos por los ríos de oro de la mañana, se dispersaron en todas direcciones lanzando sus desesperados chillidos agoreros hasta perderse de vista.

Las Gallinas, públicamente burladas, lloraron mucho tiempo sin discreción, públicamente inconsolables...

—«¡Ay!» —decían— «si al menos no les hubiésemos visto con nuestros propios ojos!»

Resignadas, recomenzaron la tarea interminable de poner huevos y criar pollos, sumisas al Gallo, al destino que habían querido burlar.

¡Pero las noches de luna! En la gran melancolía que duerme en la noche, en la tierra que vaga y sueña, todo es sentimiento, añoranza y persistencia de lo que fue... La Luna despierta a las Gallinas y se las oye rebullir inquietas en los gallineros. Todo se olvidó; todo se olvida, pero a veces —siempre— la Luna trae los fantasmas cuyo amor no ha concluido. Vuelven los Lechuzos que no han de volver, y el corazón les duele —de un dolor inmemorial— a las Gallinas...

EL SABIO DESCONFIA DE SU MISMA SOMBRA

UN hombre cree que una mujer es, realmente, una mujer.

Una mujer está segura de que un hombre no es más que un hombre.

¡Y nadie sabe lo que se esconde en un disfraz humano!

Quien menos se piensa, secretamente puede ser un diablo, una fiera, un monstruo y, a solas, manifestársenos en su forma verdadera e inconcebible.

Al contemplarlos de cerca sobrecoge el súbito misterio de los ojos más queridos y tranquilizadores; mirados a fondo, son los de un extraño; los ojos de alguien que jamás se ha conocido...

Antón del Carmen, cochero de punto, iba de retirada por las calles que empezaba a invadir la oscuridad y el silencio de la noche. Cuantas veces no había oído decir a las personas serias que habían tenido tropiezos con los finados, que es prudente apartarse, huir de la mujer que se encuentra en el camino, solitaria, a altas horas de la noche. Precavido, nunca aguardaba a que dieran las doce fuera de casa; pero aquella vez, un caballero le había retenido a pesar suyo, más tarde de lo que acostumbraba.

Sin embargo, iba despreocupado hacia el establo, de buen humor porque había recibido una propina generosa y no pensaba en nada que le inspirase el menor temor, cuando una mujer vestida de blanco le hizo señas que parase y subió rápidamente al coche.

¿Habló la mujer cuyo cuerpo no debía pesar nada, sin duda, de rostro vago y cuyos pies imprecisos no hubiera podido ver el cochero?

La ciudad se había dormido de pronto, misteriosamente. El caballo, viejo y flaco, dobló resignadamente la primera esquina, negra como boca de lobo.

Si no oyó la dirección, que seguramente le dio en voz baja y nasal la mujer vestida de blanco, el animal parecía haberla entendido, y Antón del Carmen fiaba plenamente en el claro entendimiento de su caballo.

Pero la carrera, ya hacia las afueras de la ciudad muda y en tinieblas de sueño, se prolongaba demasiado, y comenzó a sentir temor de aquella trasnochadora, apenas entrevista, que le había alquilado sin hablarle.

De su paso monótono, el caballo seguía adelante sin contar con la voluntad de su dueño que varias veces intentó hacerle virar. Mas el negro, persignándose con disimulo, no se atrevía a volver la cabeza e interrogar resueltamente a la pasajera, tan callada, que llevaba, no sabía a dónde, en su coche destartalado y polvoriento. ¡La mujer sola a la media noche, que acaso no es una mujer sino un fantasma! Y su caballo, que él quería como un hermano o un compadre, su pobre caballo bondadoso, paciente y rendido de cansancio, se iba desnudando de su piel y convirtiéndose lentamente ante sus ojos espantados, en un esqueleto que crujía y avanzaba despacio, penosamente, desconcertándose a cada paso, pero sin caer ni detenerse: como si otro que no

fuese él le guiase y le forzase cruelmente a continuar aquella marcha macabra.
Antón del Carmen, temblando de pies a cabeza, se cubrió la cara. Le pareció que también su propia mano era la de un esqueleto.
Cuando al fin el coche se detuvo y el negro entreabrió los ojos, reconoció las puertas del cementerio.

Estaba muy lejos de remusgar peligros del otro mundo la vieja Apolonia, cuando regañaba a su nieta Nieves porque llevaba relaciones con un hombre blanco... un catalán. Si bien la muchacha tenía mantos de burato y lucía en sus orejas corales de Marsella, regalos del blanco peninsular, la vieja, irreductible, no perdía ocasión de lanzarle algún sarcasmo:
—«Negrita, no juega con yeso. ¡El yeso te va a tiznar!»
—«¡Sí, sí!» —contestaba Nieves bailando los hombros y retorciendo los ojos grandes y blanquísimos, llenos de alegría —«Gallina prieta pone huevos blancos». E insolente, le perfumaba el aire a la vieja con su pericón de sándalo que el catalán le había dado.
He ahí precisamente lo que la vieja no quería: biznieto mulato. Un hijo que, andando el tiempo, fuese a contestar avergonzado cuando alguien le preguntase quién era su madre:
—«¡Mi padre era catalán! ¿Mi madre? Mi madre se murió!»
Apolonia detestaba los mulatos: ¡desmadrados!
—«Mula y mulato un rato» —decía.
Y mejor quería para su nieta un moreno de nación, fuerte, muy trabado y ligeramente gambado, que de tarde en tarde, y luego con marcada insistencia, rondaba su puerta, endomingado como agua-

dor coartado, y se iba a mirarla de la acera de enfrente con ojos saltones y rojizos: un negro más negro que la noche más cerrada, que tenía, además, todos los dientes de oro.

Manta de burato, pericón de buen olor, manillas, dormilonas de coral y las medias de seda. ¡Morondanga! Poco duran favores de blanco. Un negro como ella, y éste era acomodado —se echaba de ver a más de la dentadura, por el solitario de rubí que le chispeaba en el dedo como una candela— un negro que la mantuviese y le diese unos hijos bien prietos y no los desatendiese aunque pagase a la vez siete mujeres. Después de todo, el hombre formal es el que tiene todas las mujeres que puede mantener. Y el que no engaña mujer no sirve para casado.

Cuando sin saber por qué motivo la nieta peleó con el Don, no halló extraño ni censurable que manifestase una pasión intempestiva por el negro galán desconocido que se acercó un atardecer a la ventana y le dijo a ella:

—«Má Apolonia, me llevo a su niña...»

La vieja no iba a oponer ningún reparo.

Es tan natural que un hombre pretenda llevar consigo a la mujer que quiere. Tan natural... Sin embargo deja de serlo, si dicho y hecho, carga con la mujer inmediatamente y huye con ella en brazos calle arriba, sin llenar ciertas formalidades.

No, eso no está bien. Eso no es serio. Eso... ¡y como si la morenita no tuviese casa y fuese alguna cascabelera zambequera, Apolonia no está conforme con tal procedimiento: se encoleriza, y sin envolverse en su manta, toma el bastón, y a tumbos y jurando (¡ay! cómo le molesta una llaga que tiene en el pie), difícilmente, corre en persecución del raptor.

El maldito negro, dentuzo de oro, para sus pies hinchados vuela más que corre; y jadeante, a punto de caer, lo que vé de súbito la vieja, no es un hombre llevándose a su nieta sino una serpiente verde, enorme, que huyendo la envuelve y a lo lejos repta y silba levantando nubes de polvo en dirección a la mar. Y por si no diera crédito a esa visión horrible, la vieja oye el grito de espanto que lanza al mismo tiempo la muchacha:

—«¡Mamita! ¡Mamita!»

Si Apolonia no se hubiese sentido en el deber de darle alcance al culebrón que se robaba a su nieta y rescatarla a bastonazos —o como le diera a entender ahora el Angel de su guarda— allí mismo hubiese perecido de estupor. A sustos de esa magnitud no resiste el corazón frágil de un viejo o de un niño... De ver estas cosas han muerto muchos.

La morenita clamaba con voz delgada:

«¡Mamita! ¡Mamita!
¡Yén-Yén-Yén!
¡La culebra me lleva,
Yén-Yén-Yén!»

y la culebra, con el vozarrón invariablemente sordo y cavernoso de los demonios y ogros mareros, respondía:

«¡Mentira, mi suegra!
¡Yén-Yén-Yén!
Esto es juego de mi tierra,
¡Yén-yén-yén!»

El culebrón llega al mar e interminable se desliza, corre con las ondas y desaparece.

La vieja al fin llega a la orilla con mil fatigas y gimiendo de rabia y de dolor (los pies destrozados, abierta la llaga que destila sangre y miel), cae en los arrecifes. El mar, erizado de olas pequeñas, y ya de ese azul insondable del que va a salir la noche, chapotea solemnemente, salta sin pasión entre las rocas que oscurecen.

Todavía cree oir la voz distante de la negrita, más distante, hasta apagarse.

Apolonia se encara desesperada a la mar desierta en que se ha hundido la culebra; llama, suplica, se lamenta; pero en vano. Sus gritos se pierden en el rumorío secreto, interminable de las aguas en que comienzan a bailar lumbres y reflejos misteriosos, miriadas de culebras que se rompen rutilantes.

De mañana retiraron del litoral, mojada y casi sin vida a una negra vieja. Estaba ciega y ya no veía más que esas luces —los espíritus de todos los que se han ahogado y arrastra el mar de noche— y esas estrellas ofuscantes que no están en el cielo, sino en el fondo del mar. Declaró como una loca que una serpiente, una inmensa serpiente marina, le había robado a su nieta, la negrita Nieves que era su único bien.

La Autoridad no la creyó. Había quien reía al oirle insistir en que la muchacha era tan linda que la culebra había venido nadando ex profeso desde Dahome, para llevársela.

Sin embargo, nadie, solo en alma, se acerca al mar sin sentir miedo de lo que oye y de lo que está a punto de ver.

¿Fiar de una apariencia? ¿Ser tan inocente y confiar en la inmovilidad de las estatuas, cuando hay serenos que las han visto pasear por los jardines y han mudado el aire y el oficio?

A veces un alma desencarnada viene a convivir con el alma de un vivo y da por resultado que en ciertos casos, más se tiene de habérselas con un muerto que con un vivo y se está muy lejos de sospecharlo...

Es sabido que, en su mayoría, toda deformación

física de nacimiento en un individuo se debe a que los cuatro elementos no estaban en buena conección cuando fue engendrado. Nadie ignora tampoco que, la mujer que en sueños, desgraciadamente para ella, cohabita con el espíritu de un difunto, si concibe, lo que trae a la vida es un albino. Hay pues, quien se tiene por muy hijo de su padre, y su padre verdadero es un alma en pena que ya no tiene a nadie que la nombre en este mundo ni encienda por ella una vela.

Una noche, el notario Diego Diago y Diez encontró a un chivo escribiendo en su carpeta; y lo que redactaba era el testamento de Don Diego.

Tiene usté un hombre que vive prendado de su mujer.

—«¡Mi Señora!» —dice ingenuamente al presentarla con tanto orgullo...

El hijo de Locario Ovando, Tomás, aquel que llamaban por el puerto «Agujerito», era tuerto. De aquella imperfección pocos supieron la causa. Durante muchos años cargó solo con su secreto, tremendo secreto, que confesó al fin a Tá Macario Alfonso, su capataz en el trabajo, su padre en la religión.

Tomás contaba apenas siete años cuando murió su madre, Madán.

Hacía mucho tiempo que Locario no le daba de comer a Elegguá, y Elegguá no guardaba su puerta.

Elegguá, si come poco, malo; si se harta, se achanta. Enojado, hambriento, Elegguá no dejaba entrar dinero ni salud ni nada bueno en la casa.

Un día entre los días, Oyá —Centellandoqui—, levantó en peso el aire inerte, lo batió impetuosamente, hizo un gran remolino y lo lanzó a tierra como un trompo.

El remolino, blanco, malo, gira, corre loco revolviendo, arrastrándolo todo, y se lleva bailando entre basuras y papeles las enfermedades que dormían en

el polvo. Pasa por el callejón en que vive Madán, abre de par en par su puerta indefensa, la envuelve, la azota, la desgreña, llena de arenillas sus ojos e indecente alza sus faldas.
Atraviesa el casucho, y sus aspas echan a volar cuanto encuentran. En un segundo hizo diabluras. Apagó el fogón, rompió la tinaja, echó abajo una tendedera y huyo robándose un fustán, alegre de escapar por los aires de mano del remolino. Después la cabeza de Madán seguía girando en la tolvanera como una hoja seca.
Fue aquel año en que hizo estragos la epidemia. Madán falleció pasada la media noche y María de la O. Oquendo, como no había dinero y, además, su cadáver era el de una apestada, vino a buscarla de madrugada.
¡Ay, María de la O. Oquendo, el carro fúnebre de los pobres que siempre va de prisa!
—«Anda, pronto; venga el muerto, ¡pronto, pronto! ¡Tá purao!» —gritó el cochero muñidor sin más ceremonia.
—«¡Sola vaya con sus cinco copas negras y su penacho sucio! ¡Parte Dios, María de la O. Oquendo! ¡Lechuza!»
En aquella ocasión corría mucho más; decían que no daba abasto para tantos muertos. Así era mayor el terror que inspiraba. Así andaba feliz de vengarse de tantos desgraciados que habían dicho:
—«¡No permita el Cielo que el día de mi muerte me lleven a enterrar en el carro de la Lechuza!»; y alardeaba insolente de su triunfo con aquella impaciencia despiadada que no daba lugar a nada, ni a despedirse del cadáver con desgarrada y solemne lentitud.
¡La Lechuza!
Se hacía cualquier sacrificio para evitarle a un muerto querido la humillación de marchar al cementerio en aquel transporte odioso. No, jamás an-

taño, en que la muerte tenía tanta importancia, tanto lucimiento —un muerto siempre es alguien—, se negaba la caridad de un tendido. Humilde, lo más barato, una pobre caja de pino mal clavada, un solo caballo, también muy pobre, un zacateca hediondo, pero vistoso, eso sí, con sus calzones rojos y su tricornio gastado, en fin, lo indispensable para salvar las apariencias del cariño y del decoro. Se estaba dispuesto a contribuir con lo que se tuviese, aun a empeñarse, para librar a un amigo doliente, inclusive a un simple desconocido, de esta suerte vergonzosa de abandonarle a la Lechuza el cadáver de un pariente.

Se cumplía con los pobres un sagrado deber de humanidad, y de paso se ganaba un amigo en el otro mundo, porque los difuntos son agradecidos. De su gratitud sobran pruebas. De su rencor, también.

Camino del cementerio, el caballo zollenco, irrespetuoso, rimaba con los cascos:

—«¡Pút! voy pá llá - voy pá llá ¡pút! voy pá llá...»

—¡Ló-ló-ló! —azuzaba el cochero mugriento aflojando las riendas. Y todo el carruaje desaprensivo y tétrico, crujiendo, traqueteando, hudiéndose en los baches, desbarajustándose y brincando,

—«¡Vé-purá-vá-purá-vá-purá-vá-purá! ¡M a r í a de la O. Oquendo vá purá!» —decía.

Era la primera vez que Madán paseaba en coche.

Pobrecita: su vida había sido de fatigas y trabajos; últimamente de continuas miserias, sin más expansión que el baile y el amor, que no cuestan dinero.

—«¡Vá-purá! ¡vá-purá, vá-purá!

Si adentro se desespera e inmóvil y zarandeado, le grita sin voz el muerto a la Lechuza odiada: «¡No, contigo no quiero ir, no!» (el alma, se ha visto, generalmente va asida a la portezuela, o arriba, sentada en el techo, resistida a abandonar el cuerpo)

el negro cochero restalla el látigo, el caballo relincha de modo especial y María de la O. Oquendo, con lúgubre alborozo, aún rueda más ligera.
El cólera tiene en jaque al Cementerio. María de la O. Oquendo se detiene junto a la fosa que ya está abierta. El sepulturero bañado en sudor, un gañán de la epidemia —desde hace tres días no cesa un momento de cavar la tierra; desde hace tres días vive encorvado sobre rostros de muertos; el pan que come le sabe a muerto y a tierra— abre la puerta del coche y el cadáver es lanzado como un fardo al hoyo.

—«¡Pronto, pronto! ¡Vienen más!» Y María de la O. Oquendo con sus cinco copas negras y el penacho sucio, se aleja, incansable, gozosa, alborotada, a buscar más muertos, más muertos.

La tierra, húmeda, blanda, cubrió aprisa a Madán.

Cuando Tomás ganó el primer dinero pensó en el entierro que no pudo pagarle a su madre. ¡Cómo iba a habérsele olvidado todo aquello que la falta de su ojo izquierdo le recordaría la vida entera, con el estremecimiento de un terror del que nunca pudo librarse!

Locario Ovando quería a Madán. La aflicción que demostró al perderla no tenía nada de fingida. La lloró inconsolable. La lloró de corazón, no para que los vecinos dijesen: «¡Qué bien ha llorado a su muerta!»

El negrito Tomás se parecía a su madre. O apenas quedó huérfano se pareció a ella. Y ahora Locario lo miraba como no lo había mirado nunca; y cuanto más lo observaba compungido con una curiosidad dolorosa, descubría en él nuevos parecidos con la muerta. ¡Madán no se había ido del todo! Los muertos tardan mucho en marcharse y más aún los que no fueron estériles. Se las arreglan de muchas maneras para seguir codeándose con los vivos; pero nada cuesta tanto a espiriteros y santeros como alejar el fantasma de una madre de su hijo pequeño. Se borrará su recuerdo; queda siempre en la expresión del hijo un remanente del alma de los padres que nunca le abandona.

Lo que más conmovía a Locario era la voz de Tomás: la misma voz enronquecida de Madán, una manera de decir las cosas como ella, arqueando una ceja, mirando de soslayo y adelantando el labio inferior, tan grueso y desproporcionado como el de su madre. Entonces quien hablaba era Madán; y sentía como un lancetazo en el pecho, muy adentro, un dolor de ternura o de lástima, el instante que duraba en la modulación de una palabra, en un gesto, la aparición fugaz de Madán.

Pero Locario, como todos los negros, sentía horror de los muertos.

No hacía más que pensar en Madán, y por lo mismo, la soledad en aquellas cuatro paredes, en que parecía seguir respirando, se le hizo angustiosamente insoportable. Locario no quiso pensar más en ella ni reconocerla en Tomás. Sobre todo de noche, hubiese querido poder huir de su recuerdo tan vivo, olvidarla como si no hubiese existido. Le espantaba la idea de que Madán se le apareciese.

Un día Tomás le dijo:

—«En cuanto oscurece veo a mi madre; y la veo hasta que me quedo dormido. Le digo que no se vaya, pero no la encuentro al despertar». Entonces Locario creyó que perdía el juicio de miedo. Todo descompuesto, la voz temblorosa, le echó una reprimenda.

—«Tu madre no puede quedarse aquí; eso no se les dice a los muertos, condenado; los muertos... son muertos, Dios los tenga en la gloria, y tu madre es una muerta. ¡Dile que se vaya, que no venga más!»

Sobre la susceptibilidad de los muertos, Tomás supo más tarde, en edad de razón, a qué atenerse.

Locario Ovando tenía miedo. El miedo lo consumía. Y era cierto lo que le había dicho el negrito: anochecido, no la veía, pero sentía, sentía precisamente en qué momento Madán entraba en la casa. Un roce imperceptible —o nada—, y sabía que ya estaba allí el espectro que había venido a ocupar a su lado un puesto invisible.

Locario cerraba los ojos para no ver a la muerta. Tampoco quería oir, y su oído percibía los ruidos apagados, imprecisos, que hacía el fantasma. Creía reconocer las pisadas contenidas de Madán que iba de un lado a otro trajinando en la casa furtivamente.

La entrada de la noche era un tormento, y hasta tenderse en el catre, se estaba encogido, temeroso de dar un paso en la sombra y tropezar con la difunta, de quien inútilmente se esforzaba en ignorar la presencia. Entonces sentía horror de su hijo, de aquellos ojos blancos y graves que veían a la muerta sin inmutarse y le decían: —«Quédate, no te vayas».

Cuando la mirada del chiquillo recorría la habitación con una atención tan tranquila y profunda, una angustia pavorosa se apoderaba del infeliz Locario; ¡cuántas veces hubiese huido si el terror, materialmente enligando sus piernas, no se lo hubiese impedido!

Madán podía hacerse visible, y para castigarlo, acercársele, hablarle, tocarlo con su mano helada, su espantosa mano de muerta. Tocarlo... Al fin Tomás se dormía apaciblemente. Locario se sentía un poco más tranquilo; esto era preferible, pero la muerta se quedaba allí hasta la madrugada; silenciosa, acurrucada en alguna parte, o inquieta removiéndolo todo sin descanso, en el mudo desasosiego de la noche.

Sólo lo amparaba la mariposa del vaso de aceite que dejaba encendida en un ángulo del cuarto, al resguardo del aire. Como a la cabecera de un muerto también, la débil lamparita velaba y lloraba toda la noche una tristeza infinita de acabamiento; pero en las horas solitarias y crispadas de terror —aunque él se tapaba la cabeza— era una compañía compasiva y dulcísima que ponía toda la suavidad de su constancia en tranquilizarlo y, parpadeando para no dormirse, vigilaba en la oscuridad inquieta. Sin duda le distanciaba la oscuridad más temible. ¡Cuántas veces ya a punto de apagarse, revivía como en un temblor de agua despidiendo una claridad inesperada y salvadora que se agrandaba, ondeaba, un rato en la pared y hacía retroceder al fantasma!

Locario tenía confianza en la mariposa: se mantendría ardiendo fielmente, tenaz, amparándole el sueño sobresaltado con una llamita muy humilde y vacilante, pero capaz de impedir que se acercase, e indefenso, lo envolviera esa negrura densa en que se hacen concretos e irresistibles los espectros. Siempre le había tenido miedo a la noche por causa de los muertos; y como la noche para ellos es día, siempre se había recogido temprano, y no era raro que a los Nazarenos ya estuviese roncando. Jamás había sufrido tanto. ¡Solo, de noche, insomne, y con un niño que veía a los muertos!

Locario, como quien cambia de nombre para engañar la suerte, cambió de domicilio para engañar a la muerta.

Madán halló fácilmente el camino de la nueva casa, y Tomás, que seguía viéndola, se lo dijo a su padre. Este exclamó desesperado:

—«¡Mañana le haré proposiciones a la primera mujer que encuentre!»

Así la difunta Madán, al fin, comprendería.

Hacerle proposiciones a una mujer. Tomás no entendió qué quería decir Locario tan destemplado.

Fue la misma noche de aquel día, después de aquella amenaza de su padre, la última vez que se le apareció. Tomás ya sabía que la muerta, por ser muerta, incurría en una falta muy grave continuando sus visitas nocturnas; y aquella noche sí le habló Madán, por primera y última vez. Le dijo con una expresión tan extraña, con una voz y un acento tan desconocido que también él sintió miedo:

—«¡Ven conmigo!»

—«¡No, no! —gritó Tomás, helado, sin que la voz llegase a salir de su garganta—. ¡No me lleves! ¡Vete y no vuelvas!» —y la oscuridad estuvo a punto de ahogarlo.

Su madre le guardó rencor... También se vengó de él. ¡Cuántos carneros, cuántos toques de tambor, cuántas satisfacciones no tuvo que darle más tarde, para que al fin apaciguara su espíritu y perdonase el agravio!

Locario cumplió su palabra: al día siguiente muy temprano, la primera mujer que se encontró frente a frente —y no tuvo que andar mucho, casi a las puertas de su casa— fue una negra gorda, pechugona, que llamaba además la atención por la curva exageradamente pronunciada de su cuello demasiado largo. Tenía el aire burdamente arrogante; marchaba remeciéndose con las piernas mucho más abiertas de lo que acostumbran algunas damas de mando e igualmente opulenta de carnes; quizá le pareció muy hermosa y apetecible, no obstante colgarle de un lado de la nariz una carnosidad encendida que causaba a la vista una impresión desagradable.

Al grano. Un viudo no está obligado a cortejar. Lleva en estos casos la muerta a la espalda y se la vé que asoma la oreja para oir lo mismo que le dijo a ella. Pretendiente viudo; novia de revezo... Locario Ovando se limitó a decirle a la negra, a boca de jarro:

—«¿Usté quiere ser mi mujer?»

A lo que ella contesta sencillamente, sin arrumacos ni melindres:

—«No tengo inconveniente.»

Locario la entró en la casa; le enseñó a Tomás que, en cueros, se entretenía juicioso en martirizar una lagartija arrancándole una pierna. Le dio algún menudo para que hiciera el almuerzo —no tenía mucho que dar— y él por su lado fue a buscar una botella de laguer para celebrar el compromiso. Y no volvió a mentarse a Madán. La recién llegada se encargaría de ir desalojando a la muerta día a día de todos los rincones.

Locario ya no dejaba encendida la mariposa. Parecía muy satisfecho; no debía tener miedo durmiendo al lado de su nueva mujer de carne y hueso. Las cosas mejoraron; se comía más que antes, pero Tomás sentía hacia su madrastra una repugnancia invencible. Su nariz le recordaba el moco de los pavos, y observaba con ella una reserva que la negra no lograba vencer. No, no era mala con él, ni siquiera lo regañaba cuando se hacía el distraído a la hora de los mandados.

Sin embargo, como se ausentaba diariamente apenas su padre acababa de almorzar y marchaba a su trabajo, le había ofrecido a Tomás, si hablaba a su padre de estas salidas —que ella parecía tener mucho empeño en mantener secretas—, darle una paliza o cortarle la lengua, y esto, del modo más serio y categórico. Fue, naturalmente, lo que hizo que Tomás entrara en curiosidad, y por qué un día se entretuvo en seguirla.

A la hora de costumbre, la negra, tomando el medio de la calle caminó hasta el terreno cercado, no muy distante, donde un tal Juancho Juarrero tenía millo y maíz y criaba y vendía huevos y aves de corral.

Allí, la mujer tan zamborotuda da un salto en el aire, se convierte en guanaja y cae del otro lado de la cerca. El pequeño se aproxima con cautela y observa a su madrastra... que ahora es ¡una guanaja entre el averío! Parecen muy contentas de verla las demás aves, pues todas corren a recibirla y hacen muchos aspavientos. Luego se apartan los gallos, las gallinas, discretamente, y los guanajos que están allí, le hacen la rueda. Tomás la oye que canta, pavoneándose:

«Gún-gunúgu-plá-plá
Oddara cherécho-cherécho
Gunugú-abébé plá-plá.»

—¡«Ondokó... Ondokó gunugú!» —dicen los guanajos empaquetados, embobados, alzando los pies y pisando el suelo con muchas precauciones. La madrastra da la muestra más evidente de tener un marido, dos, tres, cuatro... todos muy dignos, finchados, pero a cual más desmañado y más pesado.

En estos juegos, al poco rato, apareció un hombre preguntando por Juancho Juarrero.

—«¡No está!» —contesta una vieja que asoma en un casucho allá en el fondo.

Aquel Juancho Juarrero nunca estaba cuando no le convenía, sobre todo, si era un acreedor quien lo reclamaba.

—«¡No ha venido... no vendrá en todo el día!»

El hombre vomita unas cuantas palabrotas y se marcha indignado. Todo el gallinero torno a alborotarse.

Tomás oye el comentario que hacen las aves:

—«¡Juancho Juarrero no paga!» —se desgañitan los gallos.

—«¡Ya pagará, ya pagará!» —contestan los palomos, que han visto cosas aún más imposibles en su vida.

—«¿Pá-cuándo? ¿pá-cuándo?» —preguntan maliciosamente los guineos.

Los guanajos sentencian:
—«¡Nunca, nunca, nunca!»
No tarda en mostrarse Don Juancho llamando a sus crías: —¡ti-ti-ti-ti-ti-ti! —para repartirles el maíz y las migas.

Tomás, que no pierde del ojo a su madrastra, la ve ahora atragantándose los granos, disputándoselos torpemente a una gallina.

Luego, la Guanaja se separa de la emplumada compañía, se aproxima a la cerca, salta... y la negra de Locario Ovando vuelve tranquilamente a su casa.

Pero Locario vivía tranquilo, confiado en su nueva mujer y no dejaba encendida de noche la mariposa.

Tomás fue siempre un carácter serio, metido en sí mismo: de muy pocas palabras. Nunca dudó de que existe un juez de la palabra y medía mucho las suyas. No le contó nada a su padre. A nadie. Mas un día, a solas con la madrastra, cuando ésta se disponía a salir comenzó a cantar entre dientes:

«Gún-gunugú-plá-plá
Oddara cherecho-cherecho...»

La negra se quedó en una pieza.
—«¡Cállate!» —gritó espantada cubriéndose de plumas hasta la cintura— «¡cállate o soy capaz de matarte!»

«Gún-gunugú-plá-plá
Oddara cherecho cherecho
gunugú abébé plá-plá!»

continuó Tomas alzando el tono.

La negra, transformada enteramente en pava, loca de rabia, se le abalanzó y, picoteándole ferozmente todo el cuerpo, le vació un ojo...

A los gritos de Tomás escapó la guanaja, y si algunos vecinos que acudieron tarde a socorrerlo, sin que el negrito explicara claramente lo ocurrido, vieron una guanaja sin dueño conocido que corría asustada por el medio de la calle, ninguno pensó que era la única causante de aquel daño.

En cuanto a Locario Ovando, esperó en vano a su mujer. ¡Si ésta hubiera estado en casa no le hubiese ocurrido a Tomás ningún percance!

Tres días después, de media noche tocaron a la puerta.

Lotcario, olvidando quizás a los muertos, lanzó un grito de alegría:

—«¡Es ella!»

—Mas ¿quien tocó a la puerta?

En el instante de abrir, Locario se desplomó sin vida. No había nadie. La oscuridad de pie en el umbral.

Un hombre cree que una mujer es realmente una mujer. Una mujer está segura de que un hombre no es más que un hombre. ¡Y nadie sabe lo que se esconde en un disfraz humano...!

LAS MUJERES NO PODIAN PARANGONARSE CON LAS RANAS

Las mujeres no tenían nalgas.
Las Ranas sí.
Las miradas, los piropos, las atenciones, eran para las Ranas.
Cuando las mujeres se volvían de espaldas, no tenían importancia.
Si los días de fiesta algo abultaba sus traseros menguados, nadie hacía caso: se sabía que aquello no era más que un postizo inconsistente, un engaño. Y vivían avergonzadas de sus raberas lisas y desairadas; humilladas en toda gran ocasión por las Ranas, que sí tenía que lucir y menear pomposamente al final de la espalda, y además, podían sentarse a saborear sus triunfos, gallardas, sobre posas abundantes.
Sin nalgas, no eran nadie las mujeres.
Los respetos, las deferencias, los honores, eran todos para las Ranas.
De hecho las mujeres hubiesen pasado a ser sus criadas si, convencidas de que no podían competir con ellas más que cara a cara, no se hubiesen encerrado en sus casas, asomando sin esperanza a las mirillas unos ojos amargos, y atreviéndose a salir

sólo en ausencia de sus rivales las noches muy oscuras, imprecisas en la sombra.

Pero las Ranas amaban el agua y un día cambió la enojosa situación de las mujeres en el mundo.

Cuando por la estación de las lluvias las Ranas iban en secreto —llevadas por una querencia misteriosa— a sumergirse en la Laguna, sus traseros les molestaban; pesaban demasiado. Alegremente se despojaban de ellos y los dejaban abandonados en la orilla para brincar en el agua, lisas, delgadas, ligeras.

¡Las mujeres les robaron las nalgas!

En fin, no pudiendo obtener por ningún medio persuasivo que las ladronas les restituyesen un poco, al menos, de lo que inmediatamente se pusieron a ostentar como propiedad indiscutible, remeciéndolas frenéticamente —pues consideraban con sobrada razón que aquello había de ser imperecedera gloria de su género —las Ranas, conformes con el Destino, resolvieron alejarse de ellas cuanto antes. Y a saltos —con una elasticidad que no sabían envidiarles las mujeres— corrieron a refugiarse en parajes de sombra y frescura, solitarios, seguros.

Allí, a buen recaudo, entre las yerbas mojadas de una fuente, sin la nostalgia jamás de sus formas perdidas, podían hacer sus juegos acrobáticos en las cuerdas de agua temblorosa; ganar por los brandales de una lluvia leve los veleros de las nubes, navegar los cielos, y de regreso, saltando líquidas sobre la tierra, celebrar sus grandes fiestas nocturnas y musicales donde lucen los diamantes que sólo tienen las fuentes para las Ranas.

BRILLAN LOS COCUYOS EN LA NOCHE

«Visto de noche con doble bujía;
velo de noche y duermo de día.»
(Adivinanza.)

APARECIÓ una cabeza con los ojos cerrados, silbando y revoloteando.
 Inés José chapeaba en su conuco. Aparentó no verla, pero un temblor incontenible agitaba sus manos.
 Inés José chapeaba con su viejo machete; la cabeza cortaba las yerbas con los dientes. Se interrumpía para limpiar de su frente el frío sudor del miedo; la cabeza sonreía burlona.
 Cargó un montón de yerba y se marchó a su casa. La cabeza le siguió con un puñado de verde en la boca.
 Cuando llegó a su casa la mujer de Inés José simuló ignorar la cabeza que venía detrás de su marido.
 Se sentaron a comer en silencio. La cabeza se posó en la mesa y comió.
 Luego se acostaron. La cabeza se acostó entre los dos.

Al día siguiente, cuando Inés José volvía a su campo, la cabeza lo seguía, peinándose placentera con los aires frescos de la mañana.

Inés José guataqueaba; guataqueaba la cabeza. Sembraba, la cabeza sembraba. Limpiaba las yerbas, la cabeza limpiaba... Cuanto hacía, la cabeza ciega lo copiaba. Presente a todas horas la extraña cabeza, pediente de todos sus actos.

Una negra noche en que ésta parece dormir profundamente, Inés José despierta a su mujer; se levantan de puntillas, enyugan los bueyes a la carreta, la cargan con sus trastes y animales.

La oscuridad los ampara para huir lejos, a esconderse en cualquiera parte que no sepa aquella cabeza exasperante. ¡Y en el momento preciso de partir, la cabeza se presenta, y sus ojos, que se abren por primera vez, se encienden y resplandecen como los luceros!

Inés José sube mohino a la carreta; la cabeza sube con él a un mismo tiempo.

—«¿A dónde ir?» —se pregunta en su interior descorazonado; y la carreta chirría que le duelen todas sus tablas, todos sus hierros, e inútilmente, se deja arrastrar quejumbrosa por los bueyes lentos, medio dormidos... Los ojos de la cabeza alumbran con intensa suavidad.

Al llegar a una encrucijada dice la cabeza:

—«Amigo Inés José. De aquí no podemos pasar. Hagamos un negocio.»

—«¿Qué negocio?» —pregunta una nueva cabeza que aparece, dos ojos que brillan agrandándose.

—«Sí, ¿qué negocio? ¿qué negocio?» —pregunta una multitud de ojos fosforescentes.

—«¿Qué negocio?» —pregunta también alucinado Inés José a las pupilas que le acosan.

—«¡Hagamos un buen negocio para terminar!»— dice la cabeza de luz inalterable que no se le separa.

—«¿Quieres mi yunta? —propone Inés José.

—«No.»
—«¿Mis animales?»
—«No. Queremos a tu mujer.»
—«Quiero un muslo de tu mujer» —declara otra cabeza.
—«Pido esa mano» —dice una bañándola toda en un verde y untuoso resplandor.
—«Yo quiero un seno.»
—«Yo la nariz.»
—«A mí me basta con una pestaña» —dice una muy pequeña que fulgura tenuemente y se apaga.
—«Yo aceptaría una oreja...»
—«Yo me conformo con un pie.»
—«¿Alcanzará para todos?» insinúa Inés José.
Los árboles están cuajados de fuegos tranquilos y amedrentadores.

Lumbres verdes, interrogantes, silenciosas; nuevos enjambres de ojos se mueven calladamente en la oscuridad. De lejos, miran con dulzura obsesionante en la soledad misteriosa del campo. Inés José y las cabezas regatean sin llegar fácilmente a un acuerdo; en la quietud, un matojo se pone a hacer una música mucho más viva que las estrellas, y despierta a la tierra adormecida.

Del matojo que tremaba todo de menudos y vivos sonidos, se desprendió entonces una forma pequeña; la de un extraño hombrecillo que tocaba una minúscula guitarra. Y como este menudo personaje —algún Echu— tiene cuatro brazos y cuatro manos, a la vez que toca, empuña un cuchillo y blande una rama.

Anda de prisa, atraviesa la senda y se interna rápidamente en la espesura llevándose su música.

Hace vibrar toda la noche. Es la hora... La hora en que las plantas, los frutos, toda la gente nocturna innumerable, son fantasmas despiertos atentos a esta música.

Las cabezas se impacientan.

—«¡Dejemos eso por ahora!»
—«La nariz era mía» —dice una.
—«El seno mío» —dice otra.
—«No lo olvides: la mano es para mí.»

Y vuelan en dirección a la manigua secreta en pos de la guitarra que pulsa el hombrecillo del matojo en que laten las estrellas o los grillos.

Inés José sacrifica un pollo, deja los restos esparcidos en el suelo y escapa con su mujer.

Cuando las cabezas volvieron a la encrucijada a concluir el negocio, ya Inés José no estaba allí con sus bueyes, su carreta, sus trastos, sus animales y su mujer.

Hace siglos que murieron; pero estos ojos que aún fulguran alucinantes en las noches de verano, buscan en la oscuridad las ánimas de aquel negro y su mujer.

DICEN LOS GANGÁS: «LOS GRANDES NO PAGAN FAVORES DE HUMILDES»

El Tigre se detuvo bajo un sutuoso mango cargado de frutos. Ya era viejo; no podía trepar y tuvo que conformarse con mirar los espléndidos racimos que colgaban tan lejos de su garra.

En esto, a todo correr, pasó un Mono. Un mono insignificante.

—«¡Bienvenido! qué sorpresa agradable» —saluda el Tigre deteniéndolo con afabilidad que no acostumbraba ciertamente—. «Eres mozo y ligero, sube al árbol y sacude la rama para que yo pueda comer unos mangos.»

¡Cuánto honor: penso el Mono, cómo no satisfacer inmediatamente los deseos de un alto personaje cuando éste se expresa de modo tan cordial! Sin embargo, no podía demorarse ni un instante... iba a un asunto delicado y de la mayor importancia.

—«¡No, Señó Tigre, voy de prisa, crea que ahora me es imposible servirlo!»

—«¡Mono, sube por Dios!»

Al Mono es sabido que no se le dice por Dios en vano... Apenas oyó mentar a Dios, subió al árbol, meneó la rama y llovió gran cantidad de mangos

a los pies del Tigre. El Mono escogió uno en la rama y chupó el fruto apresurado. —«¡Delicioso!»
—«¿Qué es eso, Mono? Estás comiendo» —le gritó el Tigre indignado—. «¿Cómo te atreves, malcriado? Suelta pronto ese mango y apéate, que te voy a arreglar las cuentas!»
Vio que el Tigre se había quitado una raya de la piel para azotarlo. Por lo tanto, se explica que el Mono no sólo se negase a descender del árbol, sino que al contrario trepase mucho más alto. Pero el Tigre volvió a decir:
—¡Por Dios Mono, baja.»
Bajó por Dios... El Tigre lo amarró y le dio una buena tunda.
Se lo llevó por delante como un preso y seguía pegándole.
Dicen que el Mono lloraba y decía:

«Tuñé yamasao tandandá komomí
Serendé tandandá
Serendé yamasao.
Komayí, serendé, komayí.»

Toparon un buey. El buey, con grave solicitud, pregunta:
—«Ñó Tigre, ¿qué le hizo el Mono?»
—«¡El descarado me ha comido un mango!»
—«¡Un mango! Duro con él, Ñó Tigre... más duro» —aprueba solemnemente.
—«¡Serendé komayi, serendé!» —llora el Monte—. Más que los latigazos le duele que no le compadezca nadie. Cada nuevo animal que encuentran alaba al más fuerte.
—«¿Qué le ha hecho el Mono, Don Tigre?»
—«¡Ay, me ha comido un mango!»
—¡Un mango! Castíguelo bien...»
El Tigre no contaba con toparse al cazador por aquellos parajes.

Ahora fue el cazador, un valiente, con su escopeta al hombro, quien preguntó:

—«Mono, ¿por qué te pega el Tigre?»
—«¡Serendé komayí, Serendé!» —llora el infeliz—. «Serendé komayí, Serendé!» —confiesa su culpa entre gipío y gipío.
—«¡Sí señor, ha comido un mango!»
—«¡Suelta ese Mono o disparo!» —dice el Cazador.

El Tigre obedece. El Mono huye... huye por encima de los árboles, saltando de rama en rama.

El Tigre le dice al cazador:
—«No me mates ¡por Dios!» —y repite: —«¡Por Dios!»

El cazador lo mata.

SE DICE QUE NO HAY HIJO FEO PARA SU MADRE

CUANDO Tambor-Yuca recalcó:

«Isaura, Lechuza, Cernícalo y Framboyán,
avisa Mayorál que la fiesta s'acabá»

la Tiñosa y la Lechuza se habían hecho tan amigas que no acababan de despedirse. No se cansaban de repetirse calurosamente cuánto, ¡pero cuánto! celebraban haberse conocido. Se ofrecían y volvían a ofrecerse sus casas, sus maridos y, sobre todo, se brindaron mutuamente sus personas para todo lo que cada una tuviese a bien disponer de la otra.

En estos cumplidos y dingolondangos le pareció a la Lechuza que oía gorjear el alba tímidamente aclarando una rama dormida y, por fin, dijo adiós a su nueva y gran amiga.

Naturalmente, cuando la Lechuza, algún tiempo después, tuvo un hijo, confirmándole su aprecio, eligió por madrina del recién nacido a la Tiñosa.

Apenas salió el pichón del cascarón, hizo venir a la Tiñosa y le mostró, reventando de satisfacción, aquel pequeño portento de hermosura y de inteligencia; se le veían las vísceras al través, no podía tenerse y sabía abrir una boca descomunal a cuantos se le acercaban, dando pruebas —como hacía observar su madre en el colmo de la admiración— de una precocidad verdaderamente asombrosa.

La Tiñosa no se hizo esperar. Aunque fingió, discreta, extasiarse ante el ahijado como era de rigor, consideró, ateniéndose a la realidad, un mucho exageradas las ponderaciones de la madre; en su fuero interno, le pareció un pichón como todos los pichones.

Algún tiempo después, ya menos blanda la criatura, lo enfundaron en un faldellín interminable, le cubrieron la cabeza con un gorro complicado y le metieron los pies en unas botas de estambre. La Tiñosa y su marido, de gala, y los dos particularmente expandidos en un landó, lo llevaron a la iglesia del pueblo cercano.

—«¡Tíralo, tíralo pa la calle!»

no pudieron gritarles, frustrados:

—«Madrinita de Carraguao
túnico limpio, camisón cagao»

sino que les daban vivas. Estos padrinos generosos, haciendo las cosas en grande, no escatimaron en arrojarles reales y caramelos a puñados; y para los miembros de la familia del Lechuzo hubo escudos de oro y hasta doblones de a cuatro, amén de las medallitas recordatorias de plata, que acuñadas con el nombre del nuevo cristiano, de sus padrinos y la fecha del bautizo, colgaban de una moña de cintas de color azul o rosa que se prendían en el traje.

Todo parecía participar aquella mañana de la alegría de un gran bautizo: la atmósfera esplendorosamente risueña y efusiva, el sol jovial y rumboso que entraba con la comitiva por el portón de la sacristía. Entusiasmado, el Padrino sobornó con largueza a las campanas y éstas revolotearon mucho rato en el azul brillante del cielo, estrepitosamente... a satisfacción.

«San Juanito le dijo al Rey,
Sota, Caballo, Nariz de Buey.»

A costa del padrino, hubo luego un almuerzo opíparo con profusión de salvillas a los postres; pirámides de dulces que remataban adornos sorprendentes de papel recortado, corolas en frondosas caídas de pétalos alargados —todo el reino animal en alfeñique— y a pasto, cerveza marca T.

Una orquesta —una Bunga— de bandurria, acordeón, timbales, botija y tambor tocó para que bailasen los comensales hasta que grilló metálica la noche.

Llovían las caricias y celebraciones sobre el feliz infante Andrés Julián Bautista Serafín Tomás José de la Candelaria, que metido en la yema de la fiesta (enhorabuena tenía su pulsera con la cuenta de azabache y de coral y el colmillo de perro cachorrillo contra el mal de ojos) berreaba empaquetado en sus encajes, exasperado por tantas caricias y por el gorro que había quedado un poco grande y se le caía a taparle la nariz, sin que nadie, disputándoselo a la madre sofocada o a la Madrina oronda, en vez de bailarlo como un muñeco:

«¡Furumingo, furumingo!
furumingo el picarón
Juan Cangrejo y colorado
furumingo el picarón...»

pensara en desenfalderarlo y pasarle la mano por el vientre:

«Barriguita mía
que me dolía
barambambán
barriguita mía
que la tengo vacía»

permitiéndole luego mover las piernas, desembarazado y fresco:

«Bisurrita bisurrero
su madre lo parió en cueros
y le puso una camisita
que no le tapa la bisurrita.»

No hubo invitada que no se creyera en la obligación de hacerle «la pavita que andaba y que anduvo, anda la pavita debajo del cubo»; de apoderarse de una de sus manitas engarrotadas... «pon, pon el dedito en el pilón»: quieras que no «darle a la mocita con la mano en la cabecita» y bañándolo en un aliento de cerveza y ajo, jugarle «la manita la tengo quemada, que no tengo huesito ni nada», exigiéndole en cambio con melosa insistenscia —y en vano— un «pollito», pues la criatura, desentendiéndose del importante papel que desempeñaba aquel día, cuando no lloraba a reventar, se empeñaba en hacer pucheros, renunciando de antemano a todo vano consuelo.

—«Es que extraña...»
—«¡Alma mía!»

Por fin una de sus abuelas, juzgando que ya se le había exhibido y lucido lo suficiente y que no faltaba nadie en la concurrencia que no hubiese expresado su regocijo de aquel modo, admirado la elegancia del faldellín y del gorro —otro primor de encajes y cintas, regalo de la madrina— lo desempaquetó y le cambió los pañales, pesadamente sucios como era de esperarse. —«¡Angelito!», y a un desentonado —«Arrurrú mi niño, arrurrú mi amor», entre bocanadas y bocanadas de humo de tabaco, la vieja lo puso a dormir en la alcoba con otros niños ya mayorcitos, que hacían siesta en uno de los catres abiertos, en medio del bullicio y del entra y sale de los invitados.

Espléndido bautizo.

—«Y ahora nos corresponde a nosotros» —dijeron los Lechuzos al abrazar a sus compadres cuando terminó la rumbancha en que, hasta cierto punto, pero con mucho decoro, degeneró el bautizo—. «Esperamos con impaciencia a nuestro ahijado.»

—«¡No tardará!» —contestó el Tiñoso con todo el énfasis y la convicción del que sabe lo que se trae entre manos.

Y así fue. No pasó un mes, lo más dos, sin que la Tiñosa despachara un recadero a la estancia de su Comadre, pidiéndole que viniera a conocer a un hijo y servidor suyo que había venido al mundo para que lo hiciese cristiano.

—«Ensíllame la jaca rosilla que ya nació mi ahijado. ¡Qué contrariedad, ahora que están tan malos los caminos!»

La amistad —cristal fino en extremo— anda siempre en peligro de quebrarse al menor roce indelicado. La Tiñosa en el nido, quedó deslumbrada por la belleza nada común de su hijo; se hubiese disuelto materialmente en un arrobamiento de ternura y de felicidad inefable, si oportunamente el orgullo de sentirse única responsable de aquella pequeña maravilla no le hubiese devuelto aumentada, toda su consistencia.

El viaje a caballo fue largo y penoso por la mala estación, y cuando la Lechuza llegó a la cabecera de su Comadre, estaba muy estropeada y poco efusiva. Sin embargo, al descubrir al recién nacido tan blancuzco junto a la madre tan negra, un comentario se le escapó en alta voz.

—«¿Y éste es hijo de mi Compadre?»
—«No le han salido las plumas, amiga mía» —respondió secamente la Tiñosa.
Lechuza se hizo cargo inmediatamente del mal efecto que tamaño despropósito había causado en la Tiñosa y bien hubiese querido, Dios lo sabe, reparar su ligereza. ¿Cómo? Su ahijado le pareció —era— sencillamente asqueroso.
—«¡Qué disparate! No quería yo decir... sino que...» —y mirándolo azorada con mayor detenimiento— «¡qué hijo tan feo ha parido usted!»
La Tiñosa es una mujer muy discreta. Dominando sus sentimientos, con voz pausada —y hasta forzando una sonrisa indulgente— le preguntó:
—«¿Por qué lo encuentra tan feo? ¿Por qué?»
En aquel instante el Pichón hizo algo que a su madre le pareció de una gracia exquisita y suavizó su enojo interiormente. La Lechuza pensó que con un poco de sinceridad y buena fe quizá saldría de aquel atolladero... delicadamente, y le respondió decidida:
—«¡Ay! Porque no lo veo con sus ojos, mi Comadre.»
Y fue sólo una nubecilla; felizmente la buena amistad de los Lechuzos y Tiñosos no se vio alterada por este incidente.
No es prudente dejarse llevar de la franqueza ante un pichón de Tiñosa. La franqueza... Mucho cuidado: franqueza y grosería, a poco que se descuide la primera, suelen hablar el mismo idioma inconveniente.
En cuanto al bautizo del Tiñoso, que meses después costearon los Lechuzos, fue de un lujo inmoderado. Aquí brillaron las onzas de oro contundentes; el pichón se oyó llamar «Precioso» y el público comentó con beneplácito:
—«¡Han echado la casa por la ventana!»

ESA RAYA EN EL LOMO DE LA JUTIA

La Jicotea era comadre de la Jutía. Comadre de «papelito»; pero la Jutía la quería como si realmente lo fuese de sacramento. Más, mucho más que a su comadre legítima, la de la iglesia. En esta vida todo es cuestión de apreciación y vale lo que estima el corazón. Por eso, sin más razones que las que aduce el sentimiento, estos comadrazgos navideños, de mentiritas, sin más validez que la de un cumplido y que duraban sólo un año, en algunos casos, unían tan estrechamente que duraban la vida entera. Comadres de broma, compadres festivos de un enero a otro enero, se imponían, seriamente y para siempre, todos los deberes —aún los más duros sacrificios— a que obliga el sacramento.

Esta Justía era pobre, pero honrada.

Más pobre era Jicotea, quien a la sazón andaba pasando trabajos, faltísima de recursos e hipotecada en la escribanía de Salinas como solía decirse. Fue cuando Jutía le dijo... lo que jamás, de adentro, del fondo del alma, le hubiese dicho su comadre de sacramento.

—«No dormiría tranquila si no compartiese con usté mi pedazo de pan.»

Y gracias a su comadre de papelito, la Jicotea iba tirando.

Una mañana temprano llegó la Gata con sus tres hijos pequeños, muy cuidados y hermosos, ante la casa de esta Jutía.

No entró como otras veces a echar un párrafo con ella; la llamó desde afuera, y ésta acudió a sus voces, asomándose tras la cerca de tablas podridas de piñón y de almácigos que cerraban el solar cuyo centro ocupaba el bajareque de la Jutía, el cual, con el favor de Dios —solar y casucho— eran propios y por herencia. (Todo con el favor de Dios y de Santa Loreto, que es quien le da y le conserva el techo al pobre).

Parecía muy atareada su mercé la Gata.

—«Pase, Ña Gata. Estoy colando café.»

—«Gracias, Señá Jutía, se agradece, pero sólo tengo tiempo para detenerme y pedirle un favor muy grande. Mi hermana la Barcina, la que una noche se fue tan lejos maullando, la Barcina, ¿la recuerda usté? vive ahora en las Vegas y me manda a buscar porque tiene enfermo de gravedad a su marido Erubú. Y aquí he venido a dejarle mis niños. No me haré esperar mucho tiempo. ¡Ah, qué contrariedad, Señá Jutía! Sufro alejada de mis hijos; pero al menos estaré tranquila si es usté quien me los cuida. Tenga diez reales para la plaza. ¡Son tan tragones!»

—«Que Dios la acompañe, Ña Gata» —dijo la Jutía con el empaque de estas mujeres que gozan fama de eficientes y no necesitan de mucho para darse cuenta de la importancia que cobran las cosas en cuanto ellas intervienen.

—«Vaya con Dios y pierda cuidado, pues sus hijos quedan de mi mano. Y que lo del enfermo no sea nada. En llegando allá, récele usté con fundamento la Oración de los Catorce Santos Auxiliares. En una ocasión me salvó de un pasmo a mi difunta madre, que en Gloria esté.»

¡Ah, sí! La Señá Jutía era mujer seria y muy servicial. De toda confianza. La Gata, otra buena mujer. Y una madraza que adoraba a sus hijos. La Señá no los tenía; iba para vieja y ya ostensiblemente, no quería maridos. Su vida era ordenada. En ninguna parte —se había dicho la Gata que conocía bien a sus vecinos y a todos en el villorrio— podía dejar su prole mejor atendida ni más segura, pues tampoco la señá Jutía era de esas que, no teniendo más obligaciones que consigo misma, andan todo el día hilvanando las calles, matando el tiempo, que nadie les cuenta, en visiteos y conversaciones y acaban por entregarle la casa y todas las horas de su vida al viento, que al fin y al cabo las gobernará a su antojo.

La Jutía tomó a los Gatitos uno a uno de brazos de su madre; la Gata se alejó presurosa y la Señá seguida de sus huéspedes, volvió a sus quehaceres matinales.

—«Vaya, hijitos» —dijo con voz tan almibarada y desacostumbrada a estos mimos, que al oirse se sintió en ridículo—. «Tengan este hilo y este carretel, ¡qué bonito! ¡mira cómo baila! ¡cómo corre! Y ahora a jugar con él, ahí afuera, sin alejarse de mi vista. Cuidadito con salir de casa sin mi consentimiento, que si se van se los comen juntos el Coco y la Moringa; y si esto sucede, luego Mamita me cortaría la cabeza...»

—«Me gustaría mucho que Mamita te cortara la cabeza» —le contestó con dulce firmeza el Gatito que era enteramente negro.

La Señá Jutía hizo como si no hubiese entendido.

Poco después, llegó Jicotea arrastrando una pierna que le tenía engarrafada el reuma desde hacía unos días.

—«¡Ay! mi comadre» —comentó con ella—, «la Gata que tiene novedad en su familia me ha dejado aquí a sus hijos, no sé, en verdad, por cuánto tiempo. Ese negrito que usté ve allí...» Y le contó la ocurrencia del gatito, que en labios tan tiernos le había impresionado sobremanera.

—«¿Se olvida usté, Comadre, que Gato tiene reconocido parentesco con el Diablo?» —dijo bizqueando y en voz baja Jicotea.

—«Menos mal» —continuó la Señá Jutía— «que me ha dejado diez reales para la manutención de los niños. Y como va siendo hora quédese usté con ellos que voy por los mandados. Les traeré un pescadito.»

En tanto el negro diablillo, aburrido de arrastrar y disputarse el carretel con sus hermanos, de enredarse las patas con el hilo, entró en la casa y se coló en el guarda-comidas (que muy poca solía guardar) por un roto considerable e irreparable que había en una de sus puertas. Derramó una botellita de aceite rancio, se metió en un cartucho que contenía un resto de harina de Castilla, y por donde mismo había entrado, salió disparado, blanco y estornudando.

—«Ven acá, piquinini, corazoncito» —dijo la Jicotea suspendiéndolo por la cola—. «Ven que te lave la naricita y los ojitos.»

Lo agarró por el pescuezo y cerró. Cerró con todas sus fuerzas...

Este se agitó convulsivamente un momento. Las pupilas verdes, doradas, inmensas, desprendieron un fulgor intenso y se nublaron. Cuando Jicotea aflojó los dedos, el Gatito, desmadejado, blando, se plegaba dócilmente como una tira de terciopelo. Sólo pesaba la cabeza. ¡Ah! Las cosas suceden a veces en este mundo del modo más inesperado.

Lo primero que hizo Jicotea tras esta reflexión, fue cortarle la cabeza al gato con las tijeras mohosas de su Comadre; luego le quitó la piel, sacudiéndole la harina hasta dejarla de nuevo negra y reluciente. Prendió leña en el fogón y puso a cocer el Gato en el único caldero que poseía la comadre.

Ovillados, el uno contra el otro, los otros dos gatitos dormían candorosamente.

Cuando volvió la Señá Jutía:

—«He reprendido al niño» —le dijo su comadre mostrándole la cabeza destroncada.

—«¡Jesús, María y José!» —exclamó la Señá, dejándose caer desfallecida en un taburete.

—«Hay que educar a la niñez»...

—«¿Qué le diré a su madre? ¿Con qué cara la recibiré cuando venga a pedirme a su hijo?» —hipió la Jutía espantada.

—«¿No le dijo a usté el niño: «Me gustaría que Mamá te cortase la cabeza?» —repitió imperturbable Jicotea.

Comprendió la señá Jutía. ¡Si es que la quería tanto su Comadre! y, como siempre, la devoción que ésta le profesaba era capaz de llevarla a los últimos extremos. En el fondo se sintió halagada. El castigo había sido excesivo; pero a lo hecho por su comadre, pecho. Por lo demás, lo que había en el caldero borbollaba, y un tufillo agradable movió sus narices de placer a pesar suyo.

—«Si tomásemos un poco de Licor Nervino» —preguntó la Jutía.

—«¿Licor Nervino? ¡No, Comadre! Alegrémonos. Almorcemos ahora y bebamos un poquito a nuestra salud. Luego bailaremos un rato para divertirnos. El baile desprenderá el reuma de mi pierna y echará la pena de su corazón.» Y con la misma, Comadre Jicotea fue a la bodega y compró vino con los reales de la Gata.

Guisada, la víctima era tan apetitosa como un conejo en las mismas condiciones. Lo cierto es que les supo a poco.

En vano, al despertar, los Gatitos buscaron a su hermano. Orden les fue dada, brutalmente, de irse a los matojos y las piedras y comerse las lagartijas que por allí encontraran. Del pescadito fresco, ni hablar.

El vino puso de bonísimo humor a las Comadres, que reían por reír, tontamente, hasta llorar... ¡Hacía tanto tiempo que no reían así! Cuando se vació el último jarro, la Señá Jutía, que fue por más vino, de vuelta encontró a su comadre medio tapada con la piel del gato tocando el tamborcillo. Sin cansarse, así, en el colmo de la alegría, tocaron, cantaron y bailaron, turnándose, toda la tarde

La Comadre Jutía estaba borracha y ¡oh maravilla! silbaba como un sinsonte o un tabaquero; ligera y desenvuelta, la conchuda y tropezosa Jicotea bailaba remedando a un Ireme —había sido mujer de un ñáñigo en sus mocedades—, y Jutía, doblándose de risa, le decía en Abakuá:

—«Naña siapo eaca.» «Diablo, ven acá.)

A veces, el improvisado Ireme, veía a los dos Gatos, que agazapados en un rincón seguían atónitos los movimientos de las alborotadas mujeres, y, abalanzándose sobre ellos, los amenazaba con una vara en alto o con un gajo de albahaca marchita.

—«Ñaña sea puyú. Apoteré veré.» (Diablo, tranquilízate.)

Sí, la vida está hecha de imprevistos, y fue éste un gran día para las Comadres. Sóla que a media noche, cuando dormían pesadamente el vino, un penetrante maullido de la Gata las arrancó del sueño. La Señá Jutía salió a tumbos de la casa.

Tembló al encontrarse con los ojos fulgurantes de la Gata que esperaba al otro lado de la cerca.

—¿Cómo están mis hijos?» —preguntó de prisa y llena de ansiedad—. «De pronto sentí como si algo terrible hubiese sucedido y he corrido más que un alma en pena para llegar aquí.»

—«Sus hijos están bien... se han divertido mucho» —tartamudeó la Jutía.

—«¡Qué tontería la mía!» —dijo entonces la Gata— «ya me marcho tranquila, ¡ah!, Señá Jutía, dispénseme. Mi cuñado se muere. Allá no damos a basto; mi hermana me necesita y no he debido venir. Adiós.» Y en aquel instante la Gata desapareció como si la boca de la noche se la hubiese tragado.

—«No he soñado» —se dijo la Jutía. Y se sintió mal. Al entrar en la casa, helada y temblando de pies a cabeza, Jicotea roncaba. El corazón de la Jutía reventaba de angustia y le gritó desesperada:

—«¡Despierte, Comadre, no me deje sola!» Se acercó a ella: —«Comadre, ¿quién mató al hijo de la Gata, usted o yo?»

—«Lo mismo da, Comadre. Ahora que es de noche, tomemos un poco de Licor Nervino.»

Con la madrugada comenzó a enmudecer la vocecilla recóndita, insofocable, que había torturado a la Jutía, acorralada en la oscuridad, sembrando en su ánimo el más pavoroso desconcierto. Era la falta de costumbre, el malestar indecible que suele siempre producirse después del primer crimen que se comete personalmente o del que se participa. Mal sabor de conciencia sucia. Mas a medida que avanzaba la mañana la conciencia enmudecía e instintivamente, la Señá triunfaba de aquellos escrúpulos que, de no armarse a tiempo contra ellos, serían capaces de prolongar indefinidamente la noche y sus terrores.

Aceptando —alentada por el sol— de una vez para siempre, la culpa que le correspondía y encogiendo de hombres toda el alma, se dijo encarándose resueltamente con el fantasma de aquellas negras horas de remordimiento:

—«Mi comadre mató al Gato y yo me lo comí... y ¿qué?

Se habían bebido nueve reales de vino peleón y, ahora, la Señá Jutía experimentaba un violento deseo de beber más. Una necesidad no menos imperiosa de alegrarse, de cantar, de bailar. De bailar una rabiosa, inexplicable, contentura. Quería volver a saborear aquella carne tierna, a su gusto incomparable, que jamás hubiese pensado probar en toda su vida. ¡Carne de un niño inocente! y como se sentían un poco débiles, las Comadres echaron mano de otro Gato, aunque luego al comerlo, por delicadeza, le llamaban Conejo.

La Jutía —en gracia a su buen nombre y por haber pagado sus deudas hasta aquel momento—, obtuvo del bodeguero un garrafón de vino al fiado: ¡veinticinco botellas! Y el día se pasó como el anterior, en el mejor de los mundos.

Aquella noche no volvió la Gata, con doloroso maullido, a preguntarle, después de haber corrido dos leguas sin tomar huelgo —impelida por un presentimiento— cómo estaban sus hijos...

Allá en las Vegas, las cosas iban de mal en peor.

No se escuchó en el cielo la Oración de los Catorce Santos Auxiliares que la Gata tuvo buen cuidado de rezarle al enfermo apenas llegó. Igual efecto había surtido la de San Luis Beltrán, con la cual había sido santiguado al principio de la enfermedad.

Cuando Erubú, doblándose de dolor, explicó que sentía un disputarse, un culebrear desaforado de todas sus tripas en el vientre, se le dieron a beber cocimientos de hojas de almácigo, de resedá, de Mari-Lope, de cundiamor, de mejorana mezclada con la albahaca y la hierbabuena. Pero aquellas correrías, enredos y retorcimientos de sus intestinos, que no apaciguaban la faja que se le ciñó al vientre con un emplasto de manteca de cacao caliente y de hojas de llantén, se complicaba con un dolor agudo en la nuca que hacía gritar al hombre de la Barcina, sin que tampoco hallase el menor alivio respirando, dificultosamente, el polvo de la raíz del copalillo del monte, que un vecino aportó como infalible. Fue al día siguiente, después de una noche tremenda, de oír crepitar los huesos de Erubú en una hoguera de fiebre que no apagaba la infusión de ninguna yerba —ni la escoba amarga, ni el cardo santo, ni el eucalipto, ni la ácida traveseda—, cuando la Barcina se decidió a buscar a su hermana.

Erubú, con una mirada extraña, o como un hombre que ya no mira, le había dicho: «Voy a morirme.»

De madrugada, una vaca había mugido tres veces ante su puerta. El enfermo había asentido con la cabeza. Ella había oído cacarear a las gallinas a media noche. Y en efecto, apenas llegó la Gata y vio al enfermo, creyó percibir la muerte instalada a sus pies. La muerte... o el Bilongo, que casi siempre ataca por los pies.

Yacía Erubú en el suelo, en la estera, cubierto con todas las hojas que podían sanarlo, las ramas frescas de paraíso sobre el corazón fatigoso. Todos los vecinos del caserío de las Vegas acudieron temprano a interesarse por el enfermo, a ofrecerse para lo que fuese menester. Este, mal síntoma, tenía las piernas y las manos hinchadas; jadeaba con los ojos cerrados y sólo a ratos se quejaba. Todos los remedios, oraciones y sahumerios; el Coco pintado de rayas azules que rodaba por el suelo y que se tenía para mantener la enfermedad alejada de la casa; todas las precauciones que habitualmente se toman contra la desgracia, los «resguardos» que defienden de lo Malo, en este caso habían tenido que ceder a una fuerza muy superior.

¡Señor, si el marido de Bareina estaba bueno y sano! Era evidente que lo habían desgraciado con brujería: que no era pasmo, ni cólico, ni nada natural lo que le estaba matando.

¡Qué Huanga, qué Diambo tan rápido le había lanzado para su perdición un enemigo! Víctima del maleficio de un vivo, de algún muerto resentido... o de un Santo, lo mismo da: viniese de quien viniese, se veía que el Bilongo trabajaba de prisa, que quizá ya sería muy tarde para que un Padre Inkisa pudiese desbaratarlo. Aunque todo lo puede un Inkisa, si Dios arrima el hombro y sale garante de la obra. Por eso se dice: Inkin pungele bondán kisa bondan-guei; con Sambia todo se vence.

Dos viejos duchos, conocidos de Erubú, que habían visto muchas cosas en este mundo, cambiaban impresiones entre sí sin disimular su pesimismo:

—«Se ha perdido mucho tiempo... mucho tiempo.»

Ahora ante el cuerpo inerte del embrujado, los miembros, el rostro deformado, monstruosamente por la hinchazón —aquella cara que inspiraba miedo y pena y risa— y un solo ojo soñoliento que aún conservaba un remanente de vida (el otro había desaparecido debajo de una bola de carne), un solo ojo que a medio apagarse parecía que algo esperaba resignadamente, se preguntaban con estupor cómo a nadie se le había ocurrido avisarle a su madrina. ¡Nadie, ni la misma Barcina, había pensado en ella! Un olvido tan grave en tales circunstancias —tan grave que de seguro iba a costarle la vida a Erubú— no podía tener más explicación que aquella que le dio, desesperada, la misma Barcina. ¡Les habían nublado a todos la memoria, para impedir que la Madrina acudiese a tiempo de remediar con su «negocio», con su «vista», al ahijado que había criado!

Vivía pasadas las Vegas, a unas cuantas millas del caserío, en el sitio que llamaban Los Troncos de Aparicio. Era una vieja Ñogubá, gangolera fuerte, Madre de Palo, que cultivaba ella sola, con la resistencia de un hombre, su pedazo de tierra. Y ¡alabado sea Dios! en el momento en que arrojaba un puñado de maíz a sus gallinas, el Santo, su Santo, la tomó de improviso. Así, cuando un vecino, el Venado, que por lo ligero partió en su busca a instancias de la Barcina, iba acercándose al conuco de la vieja, la vio que venía hacia él ladrando y saltando.

A las Vegas se dirigía la vieja con su Sarabanda montado —el más bravo de todos los Sarabandas, Oggun - Arére, que era el Santo que a ella le bajaba a la cabeza—, y Venado, reconociéndolo inmediatamente —era famoso en el contorno el Angel de la vieja—, pensó que ya nada tenía que decirle; de sobra sabía el Santo a qué le habían mandado. Volvió sobre sus pasos y se adelantó a anunciar que la Madrina de Erubú ya venía, y montada, como se dice en nuestros días, «con inspiración.»

Buena cuenta de ello se daban los perros; desde lejos escapaban al percibir fuera de sí a la vieja; porque Sarabanda-Oggún, digamos San Pedro, para que se entienda mejor, se los come, y allí donde tropiece con uno, le deja al punto sin gota de sangre, y si es de pelaje negro lo vacía con mayor avidez.

Una hora después la vieja cruzó por delante de los primeros bohíos de las Vegas. Las gentes, pendientes de su llegada, la fueron siguiendo con medrosa curiosidad, cuidando de no acercársele demasiado, pues conocían la brutalidad con que solía manifestarse aquel Santo.

Al llegar a la casa de la Barcina, embistió fieramente a los que estaban de oficiosos parados en la puerta, y recejó hasta el medio del camino, pateando como un toro que se prepara a embestir de nuevo. Enderezando con increíble arrogancia el pecho hundido de la vieja, bramaba el Santo que la poseía y la hacía moverse y atacar con la impetuosa braveza propia del Espíritu que dio al hierro consistencia y al cuchillo poder para cortar.

—«¡Eh! Maritacongo
Yo quiero ver
Victoria grande
Yo quiero ver...»

Allá fue llorando la Barcina, arrastrándose de rodillas, abranzando sus pies.

—«Ay, mi padre, sálvelo usté. ¡Ay, mi padre!»
El Santo, temblando de coraje, le tomó la cabeza y la golpeó contra el suelo hasta que la sangre brotó de la frente de la infeliz que se abandonaba a las furias de Oggún-Arére ahogando sus lamentos.
Dijo el Santo.

—«Si mañana yijo füíri
¿Quién llora su Madrina?»

—«¡Ay! mi padre, yo no tuve la culpa de que su «caballo» no lo supiese. ¡Nos nublaron la memoria!»
—«Conversador, sió, sió.»
Era justo que el Santo la castigase. Los dos viejos que se habían quedado vigilando al enfermo en espera de los acontecimientos, seguros de que su presencia allí sería indispensable de un momento a otro, intervinieron entonces. Uno trajo una güira llena de aguardiente de caña y la colocó en el suelo. El Santo, soltando a la Barcina, se echó en cuatro pies sobre la güira y la vació prontamente, dejando oír con su lengua un ruido semejante al que hace el perro que bebe sediento:

«Láku-láku-láku-láku
Lakunantén
Láku-láku-láku»...

Cuando terminó de beber, el otro viejo le alargó un tabaco encendido. El Santo, más aplacado y fumando por la candela, les estrechó las manos:
—«Sakididi tondoló Isakididi Tondoló Kuama» —refunfuñó— y se entró en el bohío atestado de gente.

—«Mira como tá, Palo, mira bien.
Mira, Palo, como tá»,

canturrearon los dos viejos mostrándole a Erubú, que seguía mirando como en bruma, una súplica obstinada en su único ojo a punto de apagarse. Todos los que estaban presentes, la Barcina, la Gata, hombres y mujeres del vecindario, sentándose en el suelo, hicieron coro:

—«Mira, Palo, como tá, Palo mirán bien.
Mira, Palo, como tá.»

Sarabanda, moviendo de un lado a otro la cabeza, respondió en el mismo tono:

—«¡Hum! Mango-mangó
Mango tá maúro
El mango-mangó tá maúro
Mañana son día Corobata
Diablo kuyere mañana vite colorá.»

—«Mira como tá Palo, míralo bien.
Mira, Palo, como tá.»

—«Congo wirikanda gaonáni...
Congo mató debajo de la Ceiba.»

—«Mira como tá, Palo, míralo bien.
Pobrecito; Palo, mira como tá.»

—«Mangó mangó
El Mango mango tá maúro
Diablo kuyere viti corobata.»

—«Abajo laurél tengo mi confianza
Buru watáta-Buru Nené.»

—«Bembo Karire
Inguembo.
To ló guembo no son uno.»

—«Abajo laurel yo tengo mi confianza
Buru watata-Buru Nené.»

—«Palo Yaya, yo tava ne río...
Dende chiquito yo aprende a guerrear.»

—«Abajo laurel, yo tengo mi confianza.»

—«Bembo Karire,
¡Ay Inguembo!
To lo guembo no son uno.»

—«Langüisa» —dijo el negro más viejo y le siguieron todos:

—«Langüisa coge endoki chamalongo.
Vamo la Siete Palma.
Lué, ¿quién talla?»

—«Kiyumba.
Domiló Domiló
¡Soto Mayimbe nunca duerme!
Tún guían-guían Mayimbe
Domiló Domiló
María Batalla Kindiambo sese.»

—«To lo guembo no son uno...
Yagundé, Palo Cuaba, yo quiere ver
cómo tu encanga-Endoki
Kianga watanga Mámbo.»

—«Yo tengo mi cazuela tronco Laurel.
¡Baila, Mariquilla, baila!
Fuire Malande
Fuire Malande
Fuiri Malamba Kunanbamsa
Fuiri Malamba Kunanbamsa
Fuiri Malamba Kunanfinda
¡Arriba entoto me juran ganga
Rayo parta a lo Gangolero!»

—«Burú watata —Burú nené
Debajo Laurel tengo mi confianza.»

—«Abri güiri mambo
Kimbisi palo llamé llamé
In sora Matombe sacuré
Yo llama Mayombe sacuré
¡Si to lo gente se muriera
muerto no cabe la sepultura.
¡Eh! ¡La mar va a crecer!
¡A crecé!
Po lo río Pato vá a volar...»

—«Mira Palo como tá... Miran bien
Candela alumbra.
Sollanga apagá.»

—«Yo quiere ver quinsónquimanda
Burú watata-Burú-Nené.»

—«¡Wanguerra vá!
¡Wuanguerra! ¡wá! ¡wá!
Wuanguerra muruanda
tá mu wuandunguera...»

—«Aguántalo con Mayombe.
¡Candela tá la tumba!»

—«Wanguerra muruwuande, ta mu
wandunguera
¡Yo só lo Jurubana!
Malambo só
Lo pasa negra
Lo Palo Batalla.
Lo Tiembla-Tiembla
Lo Tronco-Malo
Iserere Siete Enguba
Tata Kilongo

Saca Empeño
¡Engola tié-tié! Engola la bana...
Yo salí tierra Engola
¡Lo mismo que yo siembra maní Angola
Yo siembra maní la Habana,
Que tóla estrella tán junta
Iserere Siete Engumba!»

—«Mariguanga viti colorá
¡Baila Mariquilla baila!
Yo quiere ver...
¡Debajo Laurel tengo mi confianza...
Yo quiere ver, vence guerra, vence batalla!»

—«Burú watáta-burú nené
¡Ay! Déjalo toromenta
Déjalo que venga
¡Yo só matojo,
Lo tronco duro!
Ensuso vela...
Gallo caminando la Luna
Cuando Lúmbo ya cayó.
¡Cimarrón con Cimarrón prende Cimarrón!»

—«Angola tié-tié
Lengua tuya son manteca
Santa Bárbara Bendita.
¡Lunguísa coge endoki chamalonga!»

—«¡Eh! ¡va a bregar Bregantino!
¡Cuidado con Palo, labrador!
Yo brega con Bomasare
Brega con Mamá Umbo
Brega con Chola Wéngue
Con Mamá Kéngue
Con Tata Fundi
Los Tata-Guane
Encuyo Guatirimba

Yá yá poberé...
¡Cimarrón con Cimarrón
Prende Cimarrón!»

—«¡Dúndu yo tá pá Carire!» —dijo luego el Santo golpeando con las dos manos en el suelo. Los viejos, el coro, guardaron silencio.

—«Yo güiri mambo
Yá yá llangó
Ese mambo que tú habla
Yo güiri mambo
Yá llango»...

Se arrastró hasta Erubú y le olfateó anhelante todo el cuerpo. Aullaba, rugía, oliscando y resoplando, lo mismo que un perro que acaba de descubrir la huella de la presa escabullidiza, y enloquece con su olor. Arrancando rabiosamente con la boca tanto yerbajo y la faja que ceñía la enorme barriga de Erubú, el Santo le clavó los dientes en el ombligo. La boca que mordía y chupaba frenética, bañando el vientre de una baba espumosa y sanguinolenta, reanimó la llama mortecina de la pupila: media cara de Erubú se contrajo en una mueca muda de dolor.

Al fin el Santo dejó de chupar y de morder y escupió un sapo vivo que los dos viejos persiguieron y aplastaron a puñetazos. Era un sapo verde, grande, moteado de negro. El Bilongo...

Entonces el Santo volvió a cantar:

—«Tango Yalembe Guisin kángala
Yo wisinkángala ¡Mira indiambo!
Ñama Mayombe ¡Indiambo se vá!
So qui manda
Ió só qui manda.
¡Pá la fin del mundo yo te manda!»

Otra vez todos repitieron en susurro:

—«Só qui só qui manda
Yo só qui manda
Tú me lo manda
La fin del mundo.»

—«¡Ié kinpunguele bondan kise ya
bondan güei!»
Inganga Patimoana con Sambia
Teremene Tíguere Sai
Teremene Tíguere Sai
Teremene Tiguere Sai.»

Erubú había permanecido inmóvil desde el crepúsculo de la noche anterior. Una de sus manos despertaba y buscaba desorientada el escozor de la mordida. Manaba la sangre ligera como de una fuentecilla en la cúspide de la negra colina que parecía su vientre y descendía, complicando sus hilos, por los flancos. Luego sonóle dentro un ruido de agua, de agua turbulenta y se comprendió que subía hasta la garganta de Erubú en un chorro impetuoso que le ahogaba. Entre todos lo sentaron y Erubú vomitó. Vomitó el «daño»: toda la brujería que aún le quedaba en las entrañas. El «Santo» había hecho lo que tenía que hacer. Recomenzó el canturreo:

«Sacru Malongo yá santurió.»

y el Santo se despidió alargando la mano a los dos viejos y a la compañía.

—«¡Ie Cielo toca la mano con Cielo!
Cielo que yo me voy
Emboma kutere yá cayó
Se acabó Mayimbe

El Diablo acabó
Yo kiaku kiaku
Yo kiangana kianganiké
engóngóio coge kunanfinda...
¡Me voy pá la Loma!
Ié Cielo toca la mano con Cielo
¡Me voy pá Guinea!
Ié Cielo toca la mano con Cielo
Buena noche pa tó lo Mundo
buena noche sin son de noche
bueno día si son de día
buena tare si son de tare...»

 Luego, cuando a la vieja se le fue el Santo, hubo que explicárselo todo. No esperaba encontrarse en las Vegas al lado de su ahijado enfermo, a quien había visto tan rozagante no hacía mucho. ¡Qué! a lo sumo cuatro días. Le había llevado un cochinito de regalo. Porque Erubú era consecuente con ella. Un hijo. Bueno, agradecido, no hay nada que decir. Por eso, ¡cuántas veces no cría usté por compasión un chiquillo que se queda sin madre, se sacrifica usté por él, le pone los collares, lo prepara, le da su «macuto» y cuando tiene las piernas fuertes —que usté no cuenta los años y el chiquillo se le volvió hombre— entonces ¿pies para qué te quiero?, ¡y si te he visto no me acuerdo! El Santo, que sabía que Erubú quería siempre a su vieja Madrina, la había traído a su lado y se lo había curado sin más ni más.

 Su Santo también era agradecido. El Santo responde cuando hay formalidad, y lo que es Erubú, de ésta no se moría: ya era de verse cuánto había cedido la hinchazón. Ya el alma de Erubú no estaba abajo, aplastada por un peso agobiante; el alma de Erubú volvía a encontrarse libre, encima del cuerpo. Como las pupilas de sus ojos, que iban sa-

liendo a la luz de aquella tiniebla sólida y vizcosa de la carne que se los había tragado.
Ahora la vieja sabía qué faltaba por hacer.
Mandó a buscar las yerbas que necesitaba para curar la herida del vientre, para limpiarle la sangre que el bilongo había ensuciado y devolverle pronto las fuerzas perdidas.
Una hora después, Erubú hablaba.
Se le había vaciado completamente el vientre: dejaba de ser un monstruo. Podía comer. Había repasado el río de los muertos y otra vez estaba en la orilla clara de los vivos. La vieja fumaba satisfecha su tabaco. También tenía hambre, y todos en la casa: la Barcina, la Gata, los dos viejos que habían trabajado tanto. ¡Y qué trajín el de una casa donde hay enfermo grave! Conjurado el peligro, hay que pensar en los sanos. Y hubo gran actividad en el cobertizo donde están el fogón y las cazuelas, que tomó un aire de fiesta y se fue llenando de gente.
Uno que mata los pollos, otro que los despluma. La vecina que trajo un racimo de plátanos verdes y comienza a freir. Aquél que viene con un cesto de huevos frescos y la otra vecina que trae las yucas o el ñame, porque allí falta de todo y cada cual da lo que tiene. Sólo hay café y los pollos que cría Erubú.
Los viejos hacen chistes; la Madrina se ríe y les sigue la corriente con una buena pulla, en lengua, que los otros contestan. Es una vieja muy graciosa cuando está de vena. Un carácter, como hija de Angel Guerrero. Le gusta que todo el mundo ande derecho. Cuando dice «esto se hace así»... nadie se atreve a contradecirla. Pero buena. No hay quien no la quiera o quien no tenga que agradecerle algún favor. Muchos le deben la vida: conoce todas las yerbas del monte.
La Barcina no puede más del dolor de los pies; tiene un enorme chichón y una postilla en la frente.

La vieja le aplica una hoja de maravilla que le hará bajar la inflamación. Es como un huevo de pato...
—«¡Por poco Oggún me desbarata el cráneo!» —dice la Barcina tentándose el bulto.
La Gata, en medio de tanto ajetreo, no ha tenido ni tiempo de pensar en sus hijos. Dos días sin tomar más que café, sin lavarse, sin parar un momento. Erubú, en su estera, extiende las piernas, mueve los brazos. Dice que no le duele nada e insiste en que tiene hambre. La vieja le prepara un caldo de gallina como a una recién parida. ¡Hay que verlo! No, Erubú no se muere de ésta. Lo dijo el Santo y Oggún Arére sólo tiene una palabra. La Gata ya puede irse a su casa. Volverá con sus tres hijos —ahora que los niños ya no estorban— a pasarse unos días más con su hermana. Siempre han sido muy unidas. Y a la hora de la desgracia, fuerza es estar junto a los de su propia sangre. Los viejos también se marchan. Uno es desmochador. Con setenta años se trepa a las Palmas Reales; el otro... hace lo que se presenta. Y siempre se las arregla para hacer lo menos posible. Para eso tiene un hijo pailero que lo mantiene. Dios lo bendiga.
—«Erubú va a dar buena noche» —aseguró la vieja.
Todos reposaban en el suelo, en la única habitación; estaban tan cansados, dormían tan profundamente que dos horas después, cuando Erubú pidió agua, no se despertaron la Gata y la Barcina. Serían las once de la noche. Un grillo en medio del silencio tocaba unas castañuelas. La vieja se levantó inmediatamente; tropezó con la Gata echada a su lado:
—«¡Jesús! ¿qué pasa ahora?» —preguntó ésta sobresaltada.
—«¡Sió! No despierte a la Barcina... Erubú tiene sed.»
La Luna, metiendo el brazo por un postigo hasta el fondo, aclaraba el interior del bohío y no era

necesario encender la vela; la vieja le llevó a Erubú la jícara que había llenado con agua de coco y éste se la bebió incorporándose en la estera sin necesidad de que le ayudasen. Había seguido mejorando con tal rapidez que la Gata le vio ya enteramente deshinchado.

Las dos horas que ésta había dormido a pierna suelta, como por ensalmo le habían quitado el cansancio. Se sentía ágil y dispuesta. Decididamente, ya no le hacía ninguna falta a su hermana. Sintió un vivo deseo de abrazar a sus hijos y resolvió marcharse enseguida, andando de prisa la noche fresca y transparente. Por lo demás, así fuese más negra que la piel de un esclavo, siempre veía mucho mejor de noche. —«¡Me parece que hace tanto tiempo que estoy separada de ellos!» —le confió a la Vieja.

—«Sí, corra... corra...» —le respondió ésta con vehemencia—, «pero por mucho que corra...» —añadió con desaliento.

El grillo había dejado de tocar las castañuelas. De pronto, un silencio asombroso, la entonación agorera de la vieja, su mano que la empujó bruscamente hacia la puerta, espeluznaron a la Gata.

—«¡Cómo! ¿a estas horas tocando bongó?... ¿guaguancó en casa de la Señá Jutía?» —se preguntó la Gata estupefacta deteniéndose a unos veinte metros de distancia. Con el tambor desaforado se oían risas escandalosas, gritos roncos o destemplados de hombres y mujeres.

La Gata se fue acercando despacio. Se deslizó por entre dos tablas de la cerca. Y para ver mejor, se subió a uno de los Galanes de Noche próximos a la puerta. ¡Y no podía creer lo que veían sus ojos! La Jutía bailaba indecorosa y borracha perdida. La Jicotea tocaba el tambor... y todos borrachos, todos. Pero ¿y los niños? ¿Dónde andaban sus hijos?

A la Gata se le escapó un bufido de indignación que ahogó el tambor. Bajó del árbol y dando la

vuelta, con sus pasos aterciopelados y secretos que jamás la traicionan, entró por el fondo del bajareque en busca de sus hijos. Vio sus tres cabezas arriba del guardacomidas. De seguro habían tenido la ocurrencia de subirse allí huyendo de la gente que podía pisarlos. Bien hecho. Pero... ¡horror! No, la pobre Gata no sabía si lo que ahora veían de más cerca sus ojos horripilados era verdad o mentira: ¡sólo las cabezas de sus hijos cubiertas de gusanos —todas tres del mismo color pardo de los gusanos— y nada más que las cabezas! Empezó a llamarlos con tal desesperación que el bongó enmudeció: —«¡Micho! ¡Misi! ¡Misu! ¡Miau! ¡Munisense!».
—«¡La Gata!» —dijo la Jicotea, y no perdió el tiempo. Corrió a meterse en un agujero entre la yerba.
Uno de los bailarines recogió el tambor que había arrojado la Jicotea y siguió tocándolo electrizado.
La Jutía no había advertido la presencia de la Gata. No había oído sus maullidos desgarradores.
—«¡Micho! ¡Misi! ¡Misu! ¡Miau, miau, mirrimiau!».
Los Gatitos no respondían. La madre, enloquecida, continuaba llamándolos. No podía apartar los ojos de las tres cabecitas sin cuerpo... Para convencerla de su desgracia allí estaban también las pellejinas de sus hijos, sus formas queridas, vacías, que descubrió colgadas de un clavo. Es verdad que la Jutía se hallaba muy borracha y tenía en tal desorden las ideas que tampoco hubiese sabido explicarse qué hacían sobre aquel mueble aquellas tres cabezas sin mirada y roídas de bichos que se movían incesantemente; ni en la pared aquellas tiras rabunas, negra, amarilla y blanca.
¡Las cosas que suceden de un modo inesperado! La Gata, furiosa, se lanzó de un brinco sobre la Jutía que estaba de espaldas. Le desgarró el lomo a todo lo largo, pero ésta, escurriéndose de las uñas

infernales, huyó perseguida por un demonio que, al fin, corriendo frenético toda la noche por laberintos de sombras —de sombra a claridad de luna— perdió su pista en el monte. Al amanecer Jutía recuperó la memoria abrazada a la última rama de un altísimo Yagrumo...

Del zarpazo de la Gata quedó la huella visible: son esas rayas tan pronunciadas que se le marcan en el lomo a la Jutía.

NO SE RESUCITA

En los principios del Mundo era preciso pedirle aclaraciones a Dios, a Sambianpungo, con más frecuencia que hoy. Y para todo se le pedía permiso y nada se hacía sin su venia.
Buá, el Perro, era el Mensajero, el correveidile a Inzambi, de las especies vivientes.
Todas eran muy jóvenes y aprendices en la tierra nueva. Sin embargo, en su inocencia o nesciencia de la vida que en ellos comenzaba, lo daban todo por sabido. Es verdad que Sambia les había enseñado la manera de reproducirse. Pero un día comenzó a ocurrir algo desconocido, realmente inexplicable: mueren varios animales, muere un hombre; y se observa a estos seres que yacen en tierra sin que nada los arrancase de su inmovilidad y mutismo, deformarse, podrirse, deshacerse. Cada vez que uno cae y se duerme y se enfría de aquel modo, ocurre exactamente lo mismo. Por último, se llegó a la conclusión de que en cada criatura el mismo accidente misterioso, que la destruía, habría de producirse más tarde o más temprano. Y aquel descubrimiento causó en todos espanto y desesperación indecibles.
Si bien Sambianpunga, el Creador, nunca había hablado de un acabamiento, también esto, aquel

sueño sin despertar que destruía, había de ser obra suya.

El tambor llamó a todos los seres vivientes y todos se reunieron en el centro de la tierra para tratar asunto de tamaña gravedad. Resolvieron enviarle inmediatamente el Mensajero a Sambia, con una protesta unánime: la primera que elevaron las criaturas al Creador:

—«¡No queremos dormir sin despertar!»

Mas a continuación se aventuró este ruego:

—«¡Taita Pungueles, líbranos de este acabamiento!»

Búa, muy consciente de la importancia del mensaje que se le confiaba, cumplió admirablemente su cometido. Su rapidez le valió que todas las especies que aguardaban su regreso con tanta impaciencia, le ovacionaran.

—«¡Enhoramala!»

Enkututatikanga, el Alacrán, había aspirado, en secreto, al cargo de Mensajero. ¡Aquellos aplausos!... Enkututatikanga consideraba la importancia indiscutible que el Perro iba cobrando en este lleva y trae de las criaturas y el Creador, siempre terciando en negocios de la mayor trascendencia.

Los aplausos siguen resonando peligrosamente en los oídos envidiosos largo tiempo después que el que los recibe deja de escucharlos.

¡Enhoramala estos que estallaron en honor de Búa! Malditos aplausos, pues fue la envidia, enconándose, que hizo la muerte inevitable.

—«¡Silencio!»

Búa, palabra por palabra, transmite la respuesta de Sambia.

Cuando Búa dijo: —«Las criaturas te dicen: no queremos perecer»—. Sambia respondió secamente:

—«Se nació para morir.»

Cuando Búa, lamiendo por todas las especies entonces conocidas, el pie enorme de Sambianpungo,

imploró: —«Líbranos de la muerte»—. Sambia habló así: —«No puedo. Tendría que rehacer toda mi obra y estoy cansado»—. Pero como Búa insistió muchas veces gimiendo: —«Las criaturas dicen: ¡Líbranos de la Muerte!» Sambianpungo respondió al fin:
—«Vaya, estoy dispuesto a conceder alguna gracia que les haga la muerte más aceptable... Ve Búa; que las criaturas se consulten y sean ellas quienes elijan esta gracia según sus deseos. Diles así: Sambia no se niega a contentar a sus hijos. Sambia es bueno. Vuelve mañana al primer rayo del sol y accederé a lo que pidan... Pero advierte, Búa, que has de estar aquí al primer rayo de sol. Más tarde, y la gracia será denegada. No lo olvides». Y no obstante el tono conciliador de sus palabras, Sambia añadió con voz estentórea y escalofriante:
—«¡No olvides que todos han de morir!»
Las criaturas cavilan con las horas contadas; se devanan los sesos sin hallar cosa que pedirle a Sambia que atenúe el horror de perecer. El Hombre —el hombre que fue pícaro desde un principio—, da al fin en lo que ha de pedirse a Sambianpungo; y es él quien formula la demanda que suavizará para todos la tremenda ordenanza del Amo de la vida.
—«Todos moriremos: hágase tu voluntad; pero danos la gracia de resucitar.»
¿El Sol no muere y resucita? ¿No tiene la Luna la misma costumbre?
Y ahora, todo depende de Búa, el veloz y escrupuloso mensajero que debe partir en seguida y llegar a los pies de Sambia antes que expire el plazo que ha marcado.
No andaba ocioso el Alacrán —la envidia—. Mientras las especies deliberaban, había tenido ocasión de acercarse a Búa.
—«Hermano» —musitó a su oído—, «lo cierto es

que si nadie hubiese muerto no se conocerían los huesos» —y le dió a probar la costilla de una ternera.

—«¡Basta!»—, dijo Enkututatikanga arrebatándosela de la boca cuando ve que comienza a roerla con agrado —«ya tendrás tiempo de saborearte...»

El Alacrán había hablado también con Mayimbe que, descubriendo en las carroñas un manjar inmejorable, exquisito a su paladar, ya sólo andaba a caza de muertos y, de hartazgo en hartazgo, deseaba ardientemente que aumentase la mortalidad en el mundo. A este respecto, el Alacrán podía abrirle sin reservas su corazón.

—«Es menester que el Perro no llegue a tiempo con la petición que le envían las Especies a Sambia...»

Mayimbe anida bajo en la tierra. Construía con palos secos un feo y áspero nido, un fétido nido y, a la sazón, con ánimo de poner sus huevos, armaba su indeseable yacija en las raíces del mismo árbol en que habitaba también Susundamba, la Lechuza. Esta, desde el hueco sombrío que ocupaba en el tronco, pudo oír la conversación que sostuvieron Enkututatikanga y Mayimbe.

—«¡El perro ha gustado un hueso! Si encontrase algunos en su camino, no los desdeñaría y quizá demoraría»...

—«Sé dónde están los del Buey. Hace unas horas nada más que lo digiero.»

—¿No te sería fácil, entonces?...»

A Sunsundamba lo empolló una noche sombría, pero Susundamba, que luego fue uno de los heraldos de la Muerte y correo del cementerio, no era entonces su partidario. De esta conversación no perdió una palabra. Búa, antes de partir, va a pedirle la bendición a su madre y una taza de leche.

—«No te llenes el estómago» —le advierte ella—

«no eches nada adentro que pueda pesarte». Y con la savia del Comecará fricciona las patas de su hijo.

Y he aquí al Hombre, al Hombre inteligente, que la Asamblea de las Especies ha elegido Rey, que despide a Búa y le promete nombrarle a su regreso... Capitán general.

Búa corre.

—«Seré Capitán. ¡Capitán, Capitán!»

En cuanto oscurece, un pájaro vuela inquieto detrás de Búa. Es Susundamba.

Búa avanza con la rapidez del viento. Corre sin parar hasta la media noche.

Una muchedumbre infinita de estrellas trafica, despliega por todo el firmamento una actividad febril.

Traspasada la media noche le da el alto un objeto que blanquea en el suelo:

Búa para bruscamente: mira, olfatea... ¡Ah! si es un hueso, y se dice:

—«¡Me gustaría roer un poco!»

—«¡No!» —se contesta Búa—. «Ahora no. ¡Mañana!» —y emprende de nuevo la carrera vertiginosa.

Búa corre:

—«¡Los huesos! ¡Los huesos! ¡Los huesos!»

Susundamba le sigue por los aires sobresaltado. Más tarde Búa brinca sobre un montón de huesos.

—«¿No podría detenerme ahora un momento, un lametón... y nada más?»

—«¡No, que el camino y la noche se te van delanteros, pasarán sobre ti, te dejarán atrás!»

—«¿Pero un lametón?, ¿sólo un lametón?»

—«No, Búa; no debes parar ni un instante. ¡Adelante!; a la vuelta roerás a tus anchas... y serás Capitán. ¡Capitán!»

Sí, Búa corre. Entonces un Gallo lo aclama. Responden otros gallos vitoreándole desde cada horizonte estrellado.

—«¡Bravo, Búa, bravo! ¡No te detengas... corre, corre más!»

Los huesos reaparecen... ¡Otra vez los huesos, los huesos!

—«¡Tomaré uno, lo llevaré en la boca!»

—«¡No, Búa, no los mires! ¡Sigue! ¡Cierra tus ojos, corre ciego, ciego, pero adelante, siempre adelante!»

—«No creo que voy a poder resistir al deseo de apretarlo entre mis dientes! Sí, tomaré uno...»

—«¡Búa!, ¿qué dirá Dios de ti?»

El Perro se domina y vence. Continúa; mas luego, un nuevo hueso que le sale al paso; otro y otro más...

—«¡Adelante, Capitán General!»

De la lejanía parpadeante llega un clamorío de alarma de los gallos centinelas. El Perro cede a la tentación.

—«Créeme, es un peligro ese hueso en tu boca. ¡Un peligro! Será tu perdición... ¡Sé fuerte Búa! ¡Suéltalo! ¡Escapa!...»

—«No hagas caso, Búa. El Sol tiene que andar mucho todavía y las estrellas que hacer. Bien puedes echarte y roerme tranquilamente un rato. Vamos...

—«¡No, hueso, no me echaré! ¡No te roeré! ¡Cállate!»

Búa corría, pero sus piernas, sólo a costa de esfuerzos desesperados, se movían.

—«Arroja ese hueso maldito» —le gritaron sus piernas—, «cada vez te hace más pesado. Nos entorpece, nos refrena; no podemos contigo. No podemos más.»

—«Descansa pues... ¡Róeme, róeme, róeme, verás cómo tus piernas te llevarán luego más veloces!»

Búa sintió que todo el cuerpo se le ablandaba. Sus piernas se negaron rotundamente a sostenerlo. Se tendió sobre la tierra y suspiró hondamente:

—«¡Oh, hueso, qué bien me sabes!»

—«¡Tris...té!
«¡tris...té!
«¡tris...té!
«¡tris...té!»

comentó atropellada Susundamba, aleteando angustiosamente al verle acostado, y bajó disparada gritándole:

—«¡Siá! ¡Siá!...»

Para espantarlo y obligarlo a huir, se le abalanzó rebatosa y le pegó con un ala en la cabeza.

—«¡Siá!»

Sin moverse, Búa defendió su hueso del sombrío aletazo.

—«¡Tris-té! ¡tris-té!» —revoloteaba chillando insistentemente en torno suyo Susundamba— «¡tris-té! ¡tris-té! ¡Siá! ¡Siá!» —sin lograr conmoverlo ni hacerle entender su desesperada advertencia.

—«¡Siá!»

—«¡Estúpido pajarraco!... querrá quitarme mi hueso.»

—«¡Tris-té! ¡tris-té!»

Se marchó, al fin, la Lechuza. Había volado siempre vigilante, ansiosa, a la zaga del Perro, con ánimo de prevenirle de cualquier peligro. «¡Tris-té!». Todo había sido inútil y eran las horas quienes corrían solas en la quietud infinita: el Cielo que se iba quedando vacío, ocioso y desoscurecía de prisa; la noche lívida que iba llegando a su término... Abstraído, abolido el tiempo, Búa roía su hueso con lenta delicia, hasta que muy lejos el Gallo de los finales de la noche, muy cerca los Gallos dorados de la primera claridad, lo arrancaron de su arrobamiento demasiado tarde para recordar que era portador de la solicitud de las Especies y que ésta debía serle entregada a Sambia con el primer rayo de sol.

Se incorporó e intentó una carrera. Los huesos le pesaban más que piedras en el vientre.

—«¡Ay, Búa!, de haber seguido andando ya estarías a las puertas de Sambia; ahora mira, se ha ahogado la última estrella y allá lejos, en el camino donde acaba la noche, el Sol aparece bruscamente...»

El Sol toma su flecha; hace blanco en el ojo de Búa.

Cuando Búa llegó a presencia de Sambia, era medio día.

No se atrevió a levantar la cabeza; dijo entre dientes y tan bajo, que sólo Sambianpungueles hubiese podido oirle...

—«Tus criaturas te piden que los resucites después de muertos.»

Sambia tenía un objeto en la mano. Era el azadón.

—«Con esto cavarán los hombres sus sepulturas.»

—«¡Taita! ¡Oh, Taita!» —suplicó Buá— «¿no les concedes la merced que te piden? ¿No resucitarán?»

—«No» —contestó Sambia—. «Te advertí que la gracia sería concedida a la salida del Sol y tú dejaste pasar la hora de mi gracia.»

El alma a rastras, Búa emprendió el penoso camino de vuelta. Tentado estuvo de desgalgarse por algún barranco o arrojarse al río...

Inmóvil en el mismo sitio, acompañado de toda su familia, lo esperaba el Rey-Hombre, envejecido, mustio. Su mujer, la más querida, varias concubinas, hijos, parientes, esclavos, animales —que el rey había adquirido con su palabra astuta— yacían muertos; se podrían a su lado.

—«¡Al fin, ya vuelve el mensajero!» —exclamó poniéndose de pie al divisar a Búa.

Búa se acercó tembloroso, encogido, caídas las orejas, el rabo entre las piernas y mudo...

—«¿Nos traes la merced?» —preguntó el hombre sin esperanzas—. «¡Habla!»

Pero Búa había enmudecido para siempre. Y en vano, en espera del castigo, sin más elocuencia que la tristeza resignada de sus ojos, se esforzaba cortésmente en dar al Rey todo género de explicaciones inútiles y de atentas evasivas...

EL CARAPACHO A HERIDAS DE JICOTEA

En la vasta laguna donde acaso viven todavía varias naciones de aves acuáticas, la reina es Akeré. Y porque una vez Akeré se partió una de sus largas patas, Jicotea ha sabido ganarse el huraño corazón de esta señora, su confianza y las buenas gracias de sus fieles vasallos.

Entonces Jicotea poseía un poco de aquel mismo ungüento que usaba la Magdalena y libró al pueblo de los flamencos del bochorno de tener una reina paticoja. Jicotea, muy considerado, podía comerse los peces y los renacuajos de la laguna con el beneplácito de sus moradores, de quienes, por lo del ungüento infalible, vino a ser médico.

Si Jicotea tardaba en mostrarse más de un día, la Reina Akeré doblaba el pescuezo interminable en un angustioso garabato y hasta no verlo, guardaba la pata bajo el ala.

Por muchos caminos se llegaba a la laguna, pero ninguno conducía a la peña, que allá lejos, coronaba un escarpado cerro. Nadie se hubiese arriesgado por alcanzar altura difícil y de tanta pobreza. Allí vivía Efufúnla, el Ventarrón, cuyas burlas insolentes está visto que nunca se podrán castigar, de quien los más entonados y soberbios han de sufrir azotes y descabelladura. Efufúnla enloquece como es sabido y vuela al llano de arrebato en arrebato; sus manazas innumerables zarandean, desbarajustan, esparraman y lo trastornan todo. A veces sus furias cuestan muchas lágrimas. Sin embargo, cuando está de buenas, mantiene cordiales relaciones con los pájaros y son ellas las únicas criaturas que tienen licencia para llegar a su casa. Desde la elevada peña en que se tiende a descansar los días de azul hondo y puro, se columbran los espejos de la laguna de garzas y flamencos donde reina Akeré.

Entonces Efufúnla, tranquilo y tan blando que no lo reconocen los árboles que desgreña y atormenta ni las nucas de las Palmeras estáticas, hace señas amistosas a los pájaros y éstos remontan el vuelo y van de visita al peñón y se entretienen con él. Era tradicional que el día más hermoso del año todos se daban cita para bailar en la peña del caprichoso Efufúnla que en tal fecha los invita y regala deleitosamente.

Akeré teme de continuo por su pata quebradiza, y por mucho que Jicotea le asegura que no puede estar mejor soldada ni más firme, que todo lo sana el ungüento de la Magdalena y bien puede zancajear cuanto guste, Akeré no está tranquila si su médico no se la mira diariamente y le repite con cierta brusquedad que la llena de confianza:

—«¡Su pata no puede partirse, Mamá Keré!»

Aquel día diáfano y suave de primavera, la laguna gruía con el júbilo de las aves incontables que se aprestaban para la fiesta.

El pescuezo interminable de Akeré ondulaba traicionando su perplejidad —una serpiente este pescuezo de la langaruta reina flamenca— y en lo último, en la cabeza roja y corva como una tenaza de cangrejo, sus ojos aprensivos buscaban a Jicotea. Cuando al fin lo divisó en la orilla, la reina sacudió las alas visiblemente satisfecha y dio un largo chillido de alborozo. —«¡Baile hoy a sus anchas. Su pata no se caerá!» —le gritó casi con enfado Jicotea.

—«Dime... ¿no volarías conmigo hasta la peña?» —le preguntó entonces Akeré, yendo a su encuentro.

Jicotea se echó a reir:

—«¡No tengo una sola pluma en todo el cuerpo!»

—«Es cierto...» —observó Akeré muy contrariada.

—«¡No se va muy lejos por los aires con esta concha dura que me envuelve! No podría acompañarte aunque quisiera.»

—«Si es por falta de plumas...» —dijo la Reina.

—«Si es por falta de plumas» —intervino entonces una vieja garza que escuchaba, criada de Akeré—. «¡Plumas habrá de sobra para Jicotea!» —y algo más que susurró al oído de la reina, hizo que ésta vivamente, como iluminada, llamara a su Olokúgbo, el Primer General.

—«¡Vendrás conmigo a la fiesta y me sentiré más tranquila!» —afirmó la Reina.

Akeré y Olokúgbó, enredando y trabando sus pescuezos, secretearon un momento. Minutos después la Reina dio un bando: todas las aves de la laguna y sus contornos debían arrancarse enseguida una pluma y entregarla a Olokúgbo para emplumar a Jicotea.

Cuatro Grullas partieron sin pérdida de tiempo y le encargaron al Vencejo hiciera una colecta entre los pájaros que vivían internados en los bosques; y al Gavilán, allá lejos en las haciendas, entre las aves de corral.

Cuando las Grullas tornaron fingiéndose abrumadas por el peso de infinidad de plumas de todos colores y formas y tamaños, hallaron a Kuékueyé, el espléndido Pato-Serrano, petimetre de la laguna, que había untado de pega todo el cuerpo de Jicotea y estaba ya muy atareado ideándole un plumaje de Ave-Nunca-Vista. Terminada su obra, indescriptible combinación de miles de plumas diversas, podía decirse que el más lujoso y sorprendente traje de amor de pájaro, no podía igualarse a éste que dejaba suspenso y desconcertado a quien lo viese. Transformado de esta suerte en un volátil precioso —extraordinario por lo redondo— fue transportado a la Peña en silla de mambré de alas.

¡Qué promesa de fiesta en la calma radiante de aquella mañana tan risueña!

Ya estaban allá arriba todos los invitados de Efufúnla (y había entre ellos hasta giraldillas doradas e ingenuas, modestas y alegres pajaritas de papel) aguardando para romper el baile, a las señoras y caballeros de la laguna que esta vez llegaron con algún retraso.

A cada concurrente le faltaba una pluma —la más bella de su librea— y aunque todas más o menos estaban en el secreto al cumplir el mandato de la Reina Akeré —reina poderosa y extraña, mitad serpiente, mitad pájaro, rodeada para los que no frecuentaban la laguna, de un raro y fabuloso prestigio— la presencia de Jicotea produjo intensa emoción. Muchos no reconocieron sus propias plumas. Otros, estupefactos, olvidaban quien verdaderamente se ocultaba, a sus expensas, bajo un disfraz portentoso. Y he ahí la Lagunera que se quedó extasiada contemplando su propia pluma rojiza orlada de negro. El Sarapico ahora siente envidia por la verde dorada que había dado. La Cuchareta se prenda de otra azul turquesa, sin recordar que era suya. La Garza también se pasma ante una muy blanca, casi deslumbrante, que no debía serle extraña, y la codicia con toda su alma; mientras el Coco se duele de no poseer en todo su cuerpo una sola pluma que compita con aquella de un negro tan profundo y brilloso que luce el esférico personaje, y que una horas antes se había arrancado por complacer a la reina.

Sí, a todos sobrecoge la misma admiración, un malestar lleno de inquietud y recelos.

El viejo Efufúnla observa a Jicotea no menos azorado; rebusca afanosamente a lo largo de su memoria, por bonanzas y borrascas, la figura, el nombre problemático de pájaro tan bizarro, único seguramente en su especie.

—«¡Oh, triunfo!» —se murmuró Jicotea respirando con emoción inexpresable el aire puro de una altura jamás soñada y conquistada tan fácilmente—. «¡Oh, madre arrastrada, si vieses a tu hijo!»

Pobre chata criatura terrestre, tan poco alzada sobre el suelo, era la única que así se había elevado por encima de todos; la única de su raza que de tan alto contemplara a la Tierra aplastada a sus pies ¡a sus pies! ¡Cómo le hubiese gustado escupirla, de no estorbárselo el pico postizo que disimulaba su verdadera boca, y que supiese la Tierra que era él quien de tan alto la escupía!

¡Si cierta piruja que lo había despreciado por un cayarí pudiera verlo ahora, sólo un instante...! ¡Ver con sus ojos miserables estos ojos de cuentas preciosas de las pájaras más fastuosas que lo cercan fascinadas, estas miradas que lo proclaman el más hermoso caballero de la fiesta del Cielo!

¡Oh, mundo! El no se había visto... pero se imaginaba. ¡Hallarse tan encumbrado y lucir más que un Pavo Real cuajado de zafiros, más que un Faisán de oro puro!

Al fin, repuesto del asombro que le causa el nuevo visitante, Efufúnla hace una señal a los músicos. Dice:

—«Esta fiesta es para todos.»

—«¡Se llama Paratodos!» —cuchichearon los pájaros. Pues si no es más que Paratodos... —lo advierte Efufúnla—, ninguno se atreve a participar de la danza; y el ente fabuloso, único bailarín, para quien toca la orquesta invisible, escoge a las más bellas, las más deseables y orgullosas. Pero impedido de rodear con sus brazos, ocultos por las plumas, el talle de su pareja, baila solo y lo que lleva en ellos es la dulce claridad de aquel día; la brisa que se mueve con él cadenciosa.

—«¡Bueno es vivir para ver! —protestó por lo bajo el Carpintero y golpeó con el pico en una piedra: ¡Tóc tóc!

Luego, más tarde, Efufúnla ofrece un *tente*mpié. Leche, azúcar de las nubes.

—«¡Estas golosinas son para todos!» —volvió a decir.

Mas ninguno se decide a probarlas: sólo Jicotea, insolente, se despacha a su antojo, y su pico sufre una transformación impresionante...

El malestar se acentúa entre la mustia concurrencia. Esto último rebasa la medida del descontento, hasta entonces silencioso y contenido.

Además, la engañifa de pico con que el Pato-Serrano transformó la cabeza de Jicotea se ha caído al suelo.

Ekuáro, el Codorniz, declaró indignado:

—«¡Esto no puede consentirse! ¡Le arrancaré mi pluma!» —y se precipitó sobre el pájaro nuncavisto, tan desfachatado como estrambótico.

Es posible que a pesar de la ira que justamente sentían los machos postergados, ninguno se hubiese atrevido a protestar de palabra, y mucho menos de obra, en presencia de Efufúnla, a quien tanto temían y a quien habían burlado introduciendo en su casa a un desconocido... que no era pájaro. Pero bastó que Ekuáro diera el primer ejemplo de venganza para que todos a la vez —y en primer lugar la reina Akeré, muy lastimada del desprecio que le había hecho no invitándola a bailar— cayeran sobre Jicotea y en menos de un segundo miles de picos lo dejaron desnudo, verdadero, sin una sola pluma sobre el liso carapacho.

—«¿Qué bicho es éste?» —rugió el Ventarrón repentino, apoderándose de Jicotea y lanzándolo peñas abajo.

—«¡Qué bien vuelo!» —exclamó éste admirado.

La luz oscureció. Furioso el viento tomó una escoba y barrió a las aves de la cumbre.

Luego fue tras ellas, que volaban haciendo ciaboga y huían a la desbandada esquivando sus golpes.

Algunos días después Jicotea volvió en sí roto en pedazos.

Ningún camino conducía a la peña donde de seguro Efufúnla guardaba todo lo que ha robado a través del tiempo —lo que era más precioso y da el mundo por perdido—. Bien podía jactarse de ser la única criatura terrestre que había asistido a la gran fiesta de la altura inaccesible y solitaria que sólo alcanzan los seres realmente dotados de alas.

Halló que en el descenso había perdido el ungüento de la Magdalena, y fue lento y difícil convalecer despaldado sobre un montón de piedras en el fondo del barranco, sin un brote de yerba a mano, de frescura que le valiese. Por ser quien era —tan duro, terco y resistente— sanó al fin sin remedios, sin telarañas, ni hilas, ni emplastos, ¡ni ungüento maravilloso de la Magdalena!

A diario venía la Muerte a visitarlo con la buena intención de llevárselo.

—«Adya... Aduá; venga mañana, Señora Muerte. Espera hasta mañana. ¡Déjame vivir hoy!» —le decía Jicotea con firmeza, aunque agonizando. Y para no herir susceptibilidades: —«Vivo... con tu permiso.»

Cuando sintió cerradas sus heridas, ya fuertes y hábiles sus brazos —éstos se habían reducido a menos de la mitad de su tamaño— hizo acopio de piedras y la aguardó inmóvil. Ahora cuando se presentase y volviese a preguntarle:

—«¿Ayakuá-tiroko, vamos ya?» —la recibiría a pedradas.

La Pelona, sorprendida por aquella lluvia de piedras que no se esperaba, asustada, huyendo por el pedregal, se rompería seguramente las costillas y se dislocaría toda.

Pero la Muerte se había aburrido de Jicotea, de que éste invariablemente le suplicase con su vocecilla gangosa y transida:

—«¡Déjame, por favor! Viviré hasta mañana... con tu permiso.» Y no tornó aquel día. ¡Es que valía tan poco aquella vida!

Esta historia es una de las muchas que explican la causa, que, en un tiempo probablemente muy remoto, motivó las bregaduras y surcos que se observan en el carapacho y en la nielada panza de Jicotea. Todas son igualmente dignas de crédito. En libertad de aceptar la versión que más nos guste, justo es convenir en que no por esto dejarán de ser las otras menos fidedignas y esclarecedoras.

LAS NARIGUETAS DE LOS NEGROS ESTAN HECHAS DE FAYANCA

L UKANKANSA, diablo alfarero, hizo las narices con arcilla bruja.

El fue quien las ideó y las puso en boga llenando así, agradablemente, el espacio que, a su juicio, no debía dejarse vacío y tan liso, de oreja a oreja, de ojos a boca.

La fisonomía humana mejoró mucho, sin duda; gustaron con pasión las narices y Lukankansa no daba abasto modelándolas y plantándolas en los rostros presumidos. Cada hombre blanco y cada mujer blanca lució una más o menos larga, recta, curva, respingada, a gusto del consumidor, todas finamente modeladas, que pagaban a muy buen precio; porque los blancos fueron ricos desde un principio y su antecesor había sabido escoger a tiempo lo mejor y lo más lucrativo para ellos.

Los negros, en cambio, que no tenían fusiles sino arcos y flechas, eran pobres; no podían permitirse el lujo, como los blancos, de comprarle una nariz a Lukankansa. Se contentaban con admirarlas ingenuamente sin atreverse siquiera a desearlas; lo mismo que el fusil, la pólvora y la decantada blancura, las narices, así como las cuentas translúcidas de sus ojos, eran un privilegio más que disfrutaban los descendientes afortunados de Manú-Puto.

Fueron dos Jimaguas los primeros negros que adquirieron narices. Dos Jimaguas que debieron venir al mundo con el deliberado propósito de poseer una nariz en medio de la cara como cualquier Mundele.

Nacieron, crecieron y fueron a pedírselas a Lukankansa.

Y fue un día en que éste estaba tan atareado como de costumbre.

Dentro y fuera, en torno a su taller, esperaba la multitud de clientes que afluía de todas partes del mundo. Venían a recibir la nariz que habían ordenado de antemano o a encargarla.

Rayando el alba, se entregaba a su labor el Naricero y daba los últimos toques a los pedidos que debía entregar más avanzada la mañana. Cuando todas estaban terminadas a conciencia, hacía pasar al cliente y con pasmosa maestría, de un movimiento de mano rápido y delicado, le dejaba fijada la nariz, tan firme y segura que podía garantizar que ésta permanecería en su puesto inamovible y allí duraría exactamente lo que la vida de su dueño; con la ventaja nada desdeñable —justificándose así de sobra los altos honorarios de Lukankansa— que el dueño la trasmitiría indefectiblemente —aunque con imprevistas variaciones— a toda su prole venidera. Luego, para la buena conservación de la nariz que acababa de adquirirse, Lukankansa aconsejaba enfáticamente una conducta de moderación y templanza. En este punto cobraba sus honorarios; nunca cometía la indelicadeza de hacerlo por adelantado. Pasaba otro cliente, lo sentaba en un pilón y con igual dominio y celeridad, repetía la misma operación, renovaba el mismo consejo centenares de veces hasta que, implantada la última nariz por aquel día, se sentaba a su vez en el pilón para atender nuevos pedidos.

Por entre los blancos, abriéndose paso con los codos, se colaron los Jimaguas negros.

¡Cómo!, ¿negros en su taller? Dos negrillos mostrencos, atrevidos:

—«¡Queremos narices!»
—«¡Qué osadía!»

Era la primera vez que un negro, y por duplicado, le hacía un pedido a Lukankansa.

—«¡Largo de aquí!» —dijo el Naricero indignado.
—«No nos iremos si no nos das una nariz...»
—«¡Cuando miles de mundeles me apremian y me pagan las suyas contantes y sonantes! ¿Dónde está el oro que vale mi trabajo?»
—«Señor Lukankansa, pónganos la nariz de balde.»
—«¡De balde, Señor Lukankansa!»
—«Otro día discutiremos esto» —dijo Lukankansa asiéndolos del brazo bruscamente para ponerlos en la puerta. Pero los Jimaguas estaban fijos en el suelo, fijos como las famosas narices después de colocadas. Tiró de ellos fuertemente; empujó con ímpetu mayor, ¡Uf!, con todas sus fuerzas, y no logró desprenderlos ni moverlos de su sitio. Insistió y, en inútil forcejeo, perdió mucho tiempo. Demasiado para quien aún tenía que proveer de nariz a media humanidad.

Así, la multitud que esperaba afuera gritaba su impaciencia en todos los tonos.

—«¡Hasta cuándo, Señor Lukankansa!»
—«¡Despache, Señor Lukankansa!»
—«¡Por favor, señor Lukankansa!»
—«Está bien» —dijo dándose por vencido, agotado del esfuerzo—, «¡pues ahí se pudran! —y haciendo caso omiso de los Jimaguas, se dispuso a recibir la clientela. Apenas pedía excusas a uno por su tardanza y a otro le medía el rostro atentamente, cuando los Jimaguas cantaron:

«Don Fáino, Fáino, Fáino: ¡Chí! ¡Chí!»
y soplando fuero por los ojos «¡Chí! ¡Chí! Don Fáino, Fáino», llenaron el taller de chispas y candelas.

Naricero y comprador huyeron encandilados, ocasionando un pánico en el gentío que se desbandó a los gritos de ¡fuego! y Lukankansa no pudo anotar un solo encargo aquella tarde.

Sin embargo, a la mañana siguiente, con los millares de compradores del día anterior, acudieron otros tantos; y volvieron también los Jimaguas.

—«Señor Lukankansa, las narices.»

—«Señor Lukankansa, si no nos las hace pronto, no nos iremos nunca, y otra vez le cantaremos:

«Don Fáino, Fáino...»

—«¡Eso no!» —saltó Lukankansa— «¡que yo les haré unas narices a la carrera!» —y tomando un poco de barro, apresuradamente y como quiera, en dos pellas, abrió dos agujeros y de un torniscón, se las plantó en la cara a los Jimaguas.

—«Ya está.»

—«¡Gracias, Señor Lukankansa!»

Ahora los dos negrillos, que se paseaban ufanos con sus toscas narices por todas las naciones de hombres de piel oscura, les decían a éstos:

—«¿Es posible que anden todavía desnarigados? ¡Qué dejadez, qué abandono! ¡Si también Lukankansa hace narices para los negros! Claro está que como los negros no le pagamos, no se esmera mucho con nosotros... pero de todos modos, esto que nos puso no deja de ser una nariz!» Y los Jimaguas estornudaban, se sonaban, para no dejar lugar a dudas.

Aconsejados por ellos todos los negros fueron de dos en dos a pedirle a Lukankansa narices de balde.

En cuanto éste los veía asomar, se ponía un dedo en la boca advirtiéndoles nerviosamente que guardasen silencio y cuidaba de no hacerles esperar demasiado; sobre todo, si la negra pareja insinuaba distraída...

«¡Don Fáino, Fáino, Fai...!»

en menos de un abrir y cerrar de ojos, haciéndoles pasar por delante de algún blanco copetudo, dispuesto a pagar largamente una nariz de a palmo, les incrustaba gratis, de un porrazo, el montoncito de barro que nunca se dio la pena de perfilar.

SE HACE EBÓ

La Enfermedad llevaba algún tiempo durmiendo agradablemente en las miasmas pestilentes de la Ciénaga. Ikú, la muerte que nunca duerme porque no puede cerrar los ojos, no tardó en venir a interrumpir su sueño.

—«¡Didé! Despierta ya. ¡Arriba, tajalana!» —le gritó chapoteando ruidosamente en el fango hediondo y cálido por el solazo del mediodía.

—«¡No soporto más el hambre! ¡Anda a prepararme la comida! ¡Ay!» —gimió— «¡qué vacío en mi estómago! ¡Qué gran vacío!»

(La muerte nunca logrará llenar su estómago.)

—«También yo siento hambre» —contestó la Enfermedad desperezándose en una nube de mosquitos, despidiendo un denso vaho de podredumbre.

La Muerte abrió un pequeño parasol para proteger del tremendo sol canicular, su cráneo que corría riesgo de calcinarse.

—«¿Por qué te alejaste tanto?» —protestó la Muerte.

La Enfermedad era su sierva; mas Olórun había dispuesto que, normalmente, la señora sequera y pelona no pudiese comer sino después de su esclava, y todo frío.

—«No veo nada que nos sirva por estas soledades»... —añadió mirando en derredor con desaliento.
Salieron recancanillando del fétido cenegal. Erraron un rato por la sabana ardorosa y sentáronse luego a discutir qué rumbo debía tomar la Enfermedad para comer, precediendo a la Ikú, en algún poblado inmediato.

—«En derechura al Este» —dijo la Muerte después de zahoriar los cuatro horizontes pelados— «en derechura al Este hallarás un pueblo importante donde los hombres, desde hace algunos años, viven tan sanos y felices que se han olvidado de nuestra existencia» —y la Muerte suspiró resentida:

—«¡Qué poco me tienen en cuenta!»

La dirección que el índice descarnado de Ikú señalaba en la lejanía, era la de un pueblo muy blanco y muy azul que allá en zona fértil de cañamelares y casi vecino a la mar —que se llevaba todas sus dulzuras a otras tierras— era el más cercano en línea recta de donde estaban y, sin duda, el más próspero de toda la costa. La Enfermedad lo recordaba muy bien. Hacía nueve años que en un cruel recorrido por el país, había posado allí, y por cierto que dieron entonces en llamarle «Cólera». ¿Qué nombre le darían ahora? Y sonrió de oreja a oreja, descubriendo unos dientes afilados y amarillos de roedor, al pensar que ni su Ama, ni la inseparable compaña de su Ama, el Tiempo, podían ufanarse de contar con tantos nombres como ella. ¡Y qué nombres! La rimbombancia de algunos halagaba su vanidad sobremanera. Estos con que la distinguían, especialmente las personas de calidad, —era en ellas en quienes obtenía el mayor lucimiento, pues para los ruines tan sólo se llamaba a secas «Enfermedad»— erizaba los pelos al mundo que tenía letras, fortuna y tanto amor de sus cuerpos. Había que oírselo decir, a media voz —en las alcobas silenciosas en que la luz ya no se atreve a penetrar y en las que hacía brollar el dolor en su marmita escondida en la penumbra— a los hombres graves, ceremoniosos y sentenciosos, de levita cruzada y ojos de vidrio; a los sabios que tenían que habérselas con ella y ante quienes retrocedía en algunas ocasiones, por casualidad o benevolencia. Con un respeto muy lejos de ser fingido, pronunciábanse los más ilustres —¡Cólico Miserere, Tifoidea, Peste Bubónica, Cólera Morbo!— como en misa, en un susurro.

La Enfermedad, en el colmo del engreimiento, los repasaba ahora en su memoria. Se le llenaban deleitosamente los oídos de gemidos sordos. Despertaba en ella el deseo incontenible de atacar. Se veía, astuta y hábil, internándose por las espesuras latientes y sombrías de las vísceras, por los boscajes intrincados de las venas, tronchar y desgarrar en las entrañas sorprendidas; ya desmayaba un pulmón, bregaba un intestino interminable, braznaba un trémulo manojo de nervios; atarazaba estómagos, punzaba hígados, riñones, corazones; ronzaba huesos y tendones; devoraba espléndidas, palpitantes carnaduras, bebiendo poco a poco o de un trago, los arroyos sonoros y calientes, el cálido torrente de la sangre.

Si bien había nombres que le devolvían —como si se asomara al espejo de una charca— la imagen de su triste figura de lambrija, de repugnante e insaciable chupadora de vidas, otros la alindaban y encantaban: como Púrpura, Mal Perlado o Gota Coral... ¡Púrpura! y se creía una reina con corona y manto de suntuoso morado; Mal Perlado... y nublábasele de aljófares la vista. (La Enfermedad, en ayunas, fantaseaba). ¡Gota Coral!... ¿Era un requiebro? Como tal lo estimaba y al oírse llamar así sentíase tan preciosa, pulida y perfecta ¡una roja gota de coral! que su contento se traducía en aquellos conocidos arrebatos un tanto excesivos; en las contorsiones, pataletas y sacudidas con que solía quebrar huesos y dientes, desbordando el estanque de la sangre.

¡Escarlatina!... ¡cuántas deferencias! En su honor se engalanaban las ciudades con temerosas banderitas amarillas. Entonces podía ser una bailarina que en el camarín de una garganta, ponía su belleza al baño de María; del fondo encendido de una alta calentura que hacía delirar, aparecía revoloteando graciosamente sobre la punta de los pies: y sus pies eran de fuego. Bailaba sin cansarse por toda una barriada sobre el tablado de los cuerpos que enrojecían al contacto de sus plantas flameantes. ¡Escarlatina!... Una bailarina o un pájaro amarillo rojal.

Krupp, Malaria, Pulmonía; la respetabilísima Fiebre Puerperal —ejemplar matrona—; Disentería... (Escorbuto, cuando iba marinera, sin saber por qué, siempre le producía cierto rubor).

—«¿En qué piensa?» —la atajó bruscamente la Muerte sacudiéndola por un brazo al advertir la distracción de su esclava que parecía contemplar un desfile de gambusinas transparentes en el aire, y a quien no pocas veces, agotando su paciencia, gustaba tanto andarse por ahí haroneando.

—«¿Qué esperas para ponerte en movimiento? Obedece. ¡Parte inmediatamente, y mañana al atardecer, entrarás por la calle principal del pueblo! Ataca y hiere sin distinción de edades, sé rápida esta vez; y nueve horas más tarde me reuniré contigo para comer.»

La Enfermedad, con la ambición de ganarse un nuevo nombre y renombre —y el apetito que también se le acentuaba— se trazó prontamente su plan de operaciones. Lancinando a un mismo tiempo todos los órganos del cuerpo humano, en pocas horas, como nunca, le llenaría hasta los bordes la cazuela —la hoyanca— a su señora. Tomando la forma de un mosquito, la Enfermedad emprendió vuelo rumbo al pueblo, que con su dedo corroncho, volvió la muerte a señalarle invisible en lontananza.

Ikú quedó sentada, señera en la sabana, con su pequeño parasol en alto.

El sol caía a plomo.

—«¡No vayas a entretenerte en el camino y te extravíes!» —oyó la Enfermedad que le gritaba cuando ya iba muy distante, desvanecida en el inmenso resplandor que cegaba.

De veras la Muerte, en aquel erial abrasado, se moría de hambre. Para distraerse llenábase la boca con un puñado de polvo. O mordía desesperadamente la aridez de una piedra.

Allá en el pueblo feliz —que se asoma al mar— de casas blancas, balcones y ventanas azules, se levanta temprano el Adivino. El hijo de Orula había observado con resquemor, la tarde pasada, una nube negra repentina, agorera, en el claro cielo inmóvil. Una de esas nubes bajas y tétricas que navegan lentamente en la estación peligrosa, abarrotadas de epidemias...

Como de costumbre cada mañana, después de saludar al Cielo, a los Muertos, a su Angel y a los diez y seis Orishas, Babalawo, el hijo de Orula, abre y registra el nuevo día. Mirando en su tablero de adivinar, sorprendió el coloquio de la Enfermedad y la Muerte. Para todos había aquella mañana un Odu terrible. Su propia vida y la de sus dos mujeres están en peligro. Babalawo, el hombre que penetra en el porvenir y contempla lo que aún no ha acontecido, envió a prevenir a todo el pueblo. Ve a la Enfermedad dejando atrás leguas y leguas, que corre infatigable cara al pueblo. Es un bicho zancudo, de alas transparentes, que tiene una lanza por nariz, y según resopla en una bocina diminuta, es inmensamente grande o infinitamente pequeño.

De golpe, como una ventada inesperada en la

calma, penetrará en las casas tranquilas; invisible, derribará a los hombres con su lanza, y tras ella, no tardará la Ikú en aparecer.

Cueste lo que cueste, antes de que llegue al pueblo, hay que hacerla retroceder. Aún se está a tiempo de engañarla. Engatuzándola, sus pasos se desvían...

Babalawo tiene facultad para librar a los hombres de la Muerte de acuerdo con un pacto, que en tiempo inmemorial, Orula en persona cerró con ella.

Porque fue en una época en que el Santo Adivino Orula —San Francisco— era muy odiado y se veía continuamente acosado y perseguido. Eran incontables sus enemigos, que negaban a Ifá —esta escritura con que Obatalá escribe de antemano la historia de cada uno de sus hijos— lo que Obatalá escribe cada día o a cada momento. Gente poderosa, mas incapaz de reducir a Orula con engaños ni abatirlo con brujerías ineficaces, lograron finalmente malquistarlo con Ikú.

Orula, tantos ojos como estrellas tiene el cielo, de una rápida mirada descubría invariablemente sus confabulaciones y manejos. Nada podían ocultar sus enemigos; porque Orula ve en lo oscuro como en la luz y en la eternidad del tiempo; ve a través de los muros como a través del corazón de los hombres y de las bestias; en lo profundo del Cielo como en lo hondo del mar. Lee lo que ha escrito en cualquier parte la voluntad o el capricho de Dios.

De manera que el día y la hora que señaló la Ikú, de acuerdo con sus perseguidores, para venir a sorprenderle él se plantó a esperarla, muy tranquilo, en la puerta de su casa. Le había dado de comer a su cabeza, y su cabeza estaba fuerte y fresca. Había hecho «ebó» y se desfiguró el rostro con una pasta blanca que preparó mezclándola con los pelos quemados de una hermosa chiva que había sacrificado. Y nadie hubiera podido reconocer a Orula, rostro, cuello, pecho, embadurnados con aquel ungüento del color de los espíritus. Ni la Muerte, cuando armada de su inseparable guadaña llegó —tan de repentón que no se la vio venir de ninguna parte— y le preguntó a boca de jarro:

—«¿Vive aquí Orula, el negro rufo que pretende entender la lengua del destino?»

—«No» —respondió Orula con firmeza— «no vive aquí ese hombre que se llama Orula.»

Saludó la Ikú y siguió de largo.

Tomó otra calle, la dirección contraria y anduvo de puerta en puerta preguntando por Orula.

Le aseguraron, por las señas, que debía ser Orula aquel primer hombre que había topado.

—«No, no es Orula» —se decía la Muerte— «aquella cara tan blanca de copo de algodón a luna, aquella piel de coco brillosa!»

Y seguía, tozuda, buscándole.

Aullaban los perros. Los niños quedábanse quietos mirándola sobrecogidos; la aparición de esta horripilante desconocida era una confusa, inexplicable remembranza que los llevaba angustiosamente al abismo de una extraña noche de hacía mucho tiempo... Huían los jóvenes al enfrentársele llevándose de encuentro a cuantos les salían al paso. Sólo algunos viejos se le acercaban y la saludaban con familiaridad. Otros, aterrados, imaginando que también venía por ellos, intentaban huir con la celeridad de los jóvenes; muchos, a quienes ya les pesaba cruelmente un cuerpo miserable, un alma cansada, le proponían, suplicantes, que los tomara en vez de Orula... Mas esta vez, la Ikú sólo deseaba a Orula y no se marcharía sin llevárselo atado fuertemente de pies y manos. Al fin, impaciente, colérica, volvió la Muerte a casa del Adivino y éste, que había terminado de cocinar el chivo y tenía la mesa puesta y bien provista, la invitó a comer.

—«¡Acepto!» —dijo la Ikú con sorna rabiosa—.

Mas husmeando el grato olor del asado y de los guisos:

—«Acepto» —repitió, complacida de pronto, la lúgubre glotona.

Orula le sirve de comer y de beber copiosamente. Cada plato que le presenta y le encarece es más exquisito, y a la Muerte le sabe mejor que el que ha despachado antes. Suculentos y tan del gusto de la Ikú, que Orula no tiene que insistir para que repita muchas veces y deje limpias las fuentes.

La Muerte comió y bebió opíparamente; y el zorrocloco de Orula supo halagarla y distraerla de tantas maneras, que olvidó del todo a lo que había venido. De alegre humor, amistosa, en ningún momento de la animada conversación que sostiene con el descifrador de Ifá, se le ocurre apagarle en los ojos, de un soplido artero, la llamita en que arde la vida.

De sobremesa, bien hubiera querido cantar y bailar un poco. Aunque lerda y apoyándose en su guadaña que no abandona —su arma y su bordón— da unos cuantos traspiés cantando desapaciblemente como un sordo. No la sostienen sus piernas. Una pereza, una languidez invencible invade a la Ikú. Ve, desmalazada, varios Orulas en torno suyo girando entre cazuelas, vasos y platos; réplicas de Orula que se encienden y apagan, y empiezan a no ver los grandes huecos vacíos, los ojos sin pupilas de la Ikú —los tiene llenos de espesa bruma— y como Orula se le allega ofreciéndole un último vaso de aguardiente, lo vé de cerca, de humo y trunco, descabezado, y por mucho que se fija entonces, no puede percibir su cabeza.

—(¿Dónde estará la cabeza de Orula? ¿Dónde?) La Muerte, borracha, sonríe a sí misma benévolamente, incapaz y feliz de no explicarse nada.

Y así, en una luz que se enturbia cada vez más, todas las cosas pierden su estabilidad y consistencia si haciendo un esfuerzo para en ellas; las cazuelas, los platos, los vasos, giran silenciosos y fantasmales, y la mesa, los taburetes, las paredes blancas que ascienden, se disgregan en un punto del techo y descienden flúidas, disueltas en oscuros manchones.

Por último, en los ojos de la Muerte se hizo una noche profunda. Cayó desconcertada al suelo que ondulaba y allí quedó en revuelto montón de huesos.

Era el momento que Orula esperaba para robarle su guadaña.

(Sin ésta la Ikú se consideraría perdida. No podría nada... Lo que la ponzoña al escorpión, el leño al fuego, la bala al fusil, es a la Muerte su guadaña.)

En lo adelante nadie se atrevería a poner en duda que la clave del libro verdadero de todos los destinos está en sus manos; nadie negaría que Orula puede revelar lo que está escondido, herméticamente cerrado en el inmenso caserón impenetrable del avenir.

Transcurrieron nueve horas...

Y en tanto, las mujeres de Orula, por indicación de éste, iban a buscar a los vecinos, a sus enemigos solapados, a sus detractores más encarnizados, y con misterios y aspavientos les confiaban:

—«¡Orula ha vencido a la Muerte! Venid a verla tendida a sus pies, sumisa como un perro; venid en silencio, sin hacer ruido y guardadnos el secreto. ¡Que Orula no sepa que le descubrimos! ¡Orula es más fuerte que la Muerte!»

Furtivamente, conteniendo el aliento y de puntillas, el pueblo desfiló asombrado ante la puerta del Adivino que la Apestevi dejo entornada para que todos contemplaran su triunfo, temerosos, y dieran fe, en adelante, del inmenso poder de Orula.

Cuando la Muerte recuperó el sentido, cada uno de los huesos volvió a encajarse precisamente en el lugar que le correspondía. Automáticamente se articulaban. Luego, de un salto, se enderezó armado el esqueleto.

Retrepado en su taburete Orula la observaba. La Muerte, al percatarse de que le faltaba su guadaña comenzó a buscar nerviosamente por todos los rincones de la habitación.

—«¡No hallarás lo que buscas con tanto afán!»

—«¡Orula!, ¿qué has hecho de mi guadaña?» —dijo entonces la Muerte encarándosele y alzando los puños sobre su cabeza—. «¡Devuélvemela si no quieres que acabe contigo en este instante!»

—«Acaba» —contestó Orula encogiéndose de hombros sin inmutarse—. «¡Está tan escondida que nada ganarías con eso!»

—«¿A qué esta broma pesada? ¡Dame mi guadaña y quédate en paz!», volvió a amenazar Ikú. Suplicó en vano, se humilló hasta hincarse de rodillas y lloraba vencida la reina de los Muertos, clamando entre sollozos por su perdida guadaña, cuando Orula juzgó oportuno mostrarse más conciliador y compasivo.

—«¡Desgraciada Ikú!» —dijo el Adivino—. «De veras, de veras que al privarte de tu guadaña te reduzco a la miseria. ¿Cómo vas a segar los tallos de vida? Orula te invalida para siempre... Se reirán de tí. ¡Pobre Ikú! Porque tu fuerza no está en tus huesos carcomidos; está en el filo de tu guadaña. Te faltarán al respeto. Empiezo a sentir lástima de ti. Y quizá si todo podría arreglarse... honradamente. Te propongo...»

—«¡Proponme lo que quieras!» —le interrumpió la desolada Ikú, que había perdido la esperanza de rescatar su guadaña de la garra de Orula—. «¡Lo acepto todo de antemano!»

—«¿Si hiciéramos un pacto? ¿Si me juraras que lo respetarías siempre y...»

—«¡Lo juro!»

—«Jura» —continuó Orula— «que jamás te llevarás a nadie sin que yo lo sepa. Jura que no te llevarás a quien ostente mi signo, a menos que yo te lo entregue.»

—«¡Te lo juro!» —repitió sinceramente la Ikú. Entonces Orula le devolvió su guadaña.

La Ikú ha mantenido fielmente su juramento. No se olvide que por la virtud que Orula traspasó a sus hijos, al darles Ifá y de acuerdo con lo pactado con la Ikú en aquella ocasión, los Babalawos, que saben quién va a morir y cuándo exactamente y por qué ha de morir, tienen facultad de retardar la Muerte. A ejemplo de Orula, aún engañan a la Muerte.

No se olvide que cuanto sucede en el mundo ya sucedió en otro tiempo; y primero, antes de comenzar el tiempo aquí abajo, sucedió arriba en el cielo.

Así que el Babalawo dio la voz de alarma, se reunieron con él otros Babalawos hasta nueve; de punta en blanco y con finos sombreros al tres.

Nueve Babalochas y nueve Iyalochas. Porque nueve es la marca de Oyá, la Diosa dueña del país de los muertos, la Madre Señora de los cementerios.

Había que ganar su protección en este trance, como en todo lo relacionado con la Ikú, con rezos, cantos y ofrendas.

Rebulle la santería. Allá van las Mamalochas a casa de Babalawo: sofocadas, importanciosas, almidonadas, contoneándose y agitando enfáticamente el aire con sus abanicos de guano ribeteados con los colores simbólicos de sus Orishas. Las de Obatalá, inmaculadas como nubes, como las blancas palomas de su Santo que es el amo de las almas; las cabezas envueltas en pañuelos blancos, blanco traje volandero y manillas y argollas de fina plata; collares de perlas y ópalos.

Las hijas de Ochún —la Dueña bella de los ríos y del oro— «mujer chiquita que gobierna el mundo»

—Santa ramera— se visten de amarillo, se adornan de ámbar y oro. Las de Yemayá-Olókun, su hermana, la Señora del mar poderosa, van de color de mar y nube blanca. Llevan perlas azules, joyas de plata (de plata que es rielar de luna en las olas).

Las Iyalochas de Changó guapean llenas de corales; todas son arrogantes como su padre el Fuego y arden en percales rojos. Las de Oyá —la lanzadora de la centella, Señora brillante del aire, de los espejos y traslumbres celestes, Diosa de la Sepultura—, lucen trajes vistosos compuestos con retazos de diversas formas y de todos colores; mientras las hijas de Elegguá, el Señor de los caminos y los quicios, el mensajero de los Dioses, visten sobriamente de negro. Y de un morado como de vino, de flor de verbena o caimito, las Malochas de Oggún —el Santo bravo que hizo al mundo habitable, el infatigable herrero y guerrero, cabeza de piedra y cuerpo de hierro, dueño de los metales cuyo espíritu reside en el machete, en las armas y herramientas; y las del cazador Ochosi, inseparable de Oggún, fuerte Dios del bosque y de los animales selváticos, que están a su mando.

Las de Inle, el médico divino, Santo misterioso que ya rara vez baja a posesionarse de las cabezas, patrón de las mujeres que se aman entre sí, tienen que vestir de rosmarino. Van de anaranjado y blanco las Nanachúchas que adoran a los Ibelles; y de coletilla o áspero henequén, las hijas del viejo leproso Babaluayé, dueño de todos los granos: de la viruela... y del maíz.

Día memorable fue aquel para la Santería. Se le ofrendaron a Oyá chivas, palomas, gallinas negras y gallinas de Guinea; bollos, cocos, caimitos, naranjas dulces y plátanos indios. El Eko, la miel de abejas y la manteca de corojo, el pescado ahumado, el maíz tostado y ecuté, la jutía; ¡más nueve onzas de oro, nueve centenes, nueve doblones, nueve pesos plata, nueve pesetas, nueve reales, nueve perras gordas con nueve perras chicas y nueve géneros de colores!

Ricos y pobres, grandes y chicos, los que ya de terror oían crujir a la Ikú en sus propios huesos, los que la columbraban de continuo en la noche que amagaba en sus ojos —los viejos— se frotaron el cuerpo con maíz, se lo ungieron con manteca de corojo.

Una vez purificados, todos se colgaron del cuello sus resguardos: un sobre de cañamazo contentivo del mágico trocito lunar de alcanfor que aleja la Enfermedad y ostentaron un lazo de cintas con los nueve colores de Oyá. Luego había que encanastar las ofrendas de la rogativa, depositarlas en las afueras del pueblo en medio de los Cuatro Vientos de la Encrucijada, a casi una hora de marcha ligera. Esta última operación requiere un valiente. Un hombre de pelo en pecho, de probada entereza. La elección del Orisha recayó en un hijo de Oggún Arere, un hombrazo negro betún, que no le temía a los vivos ni a los muertos.

El hombrón que parece capaz de alzar y de portar él solo un monte, carga el cesto descomunal sobre su cabeza y a todo el correr de sus piernas lo lleva a su destino.

Cuando deposita el Ebbó en los cuatro caminos, ni mira hacia atrás, indócil a las fuerzas que quieren atraerle, ni se turba al oir que de todas partes lo llaman, lo sisean y lo insultan porque no responde. Es la hora peligrosa de los Echu. De la soledad le arrojaron piedras hirientes que le tocaron brazos y piernas. Algo espantoso y sombrío jadeó un instante y aleó violentamente a sus espaldas... Cada matojo, cada hierba era un mal duende que arrufaba al verle y que él no veía; cada árbol un greñudo demonio centinela, que apostado a los lados del camino, con mil garrotes verdecidos en alto, se erguía amenazante sobre los enormes talones de sus pies retorcidos, dispuestos a arremeterle y aplastarlo si cedía al miedo. El mandadero de la casa de Babalawo, cumplida su misión, echa a correr y escapa de los Addalum sin volver la cabeza, teniendo cuidado de no regresar jamás por la misma senda por donde ha ido.

En la encrucijada, la Enfermedad, a toda velocidad y volando a flor de tierra choca con un envoltorio. La curiosidad le hace levantar uno de los paños que encubría el Ebó. Descubre una gallina, un racimo de plátanos, y como la Enfermedad tiene hambre, mucha hambre, registra en la canasta alegremente sorprendida. Se sienta a comer lo que ha encontrado. Come despacio, a su sabor, y se olvida que ha de entrar en el pueblo al Ave María. Cuando de todo ha comido y se ha hartado, ve que quedan provisiones en abundancia para alimentarse al otro día y aun quizás al otro. Satisfecha, se tiende a dormir.

Duerme nueve horas y a las nueve horas justas, la Ikú tropieza con la misma balumba en mitad de los caminos. Reconoce a la Enfermedad dormida en aquellos trapos bajo las estrellas y zarandea e increpa a su esclava que la ha desobedecido.

Esta se apresura a disculparse explicándole: —«Aquí está, misuama; ya está preparada su comida»— y le presenta un puñado de maíz finado, le muestra las aves gordísimas, las frutas, los dulces. La Ikú, hambrienta, se acomoda junto al canasto. Lamisca la miel de abeja —Oñi, que es delicia de los Santos y de los hombres— y se zampa las palomas, las gallinas, las guineas, los bollos y las frutas que le reservó su esclava.

No dejó nada.

Lánguida, ahora desea reposar bajo aquella frescura estelar que está consolando a la tierra de los malos tratos de Orún.

A la madrugada se habían trocado los caminos y, sin percibirse de ello, se alejaron del pueblo la Enfermedad y la Muerte.

EL MONO PERDIO EL FRUTO DE SU TRABAJO

Juan Gangá le dijo a su mujer:
—«Voy a abrir un campo como de una caballería para sembrar arroz.»
—«Usté es muy dueño» —contestó Viviana Angola. Generalmente Juan Gangá nunca acababa lo que empezaba. Sus energías menguaban, invariablemente, a medida que avanzaba la mañana.
Esta vez Juan Gangá estaba decidido a cosechar arroz.
Se pasó un día desmontando. Abatió uno o dos árboles. A la mañana siguiente halló que todo el corte estaba hecho. Juntando algunos palos trabajó hasta el Ave María. A la mañana siguiente encontró toda la leña quemada. Volvió de madrugada con una guataca. Guataqueando —a ratos— se estuvo hasta que bajó el sol. Cuando volvió al amanecer todo su campo estaba enteramente guataqueado. Sembró un poco y al día siguiente, toda la caballería estaba sembrada.
¡Ah! pero cuando granaba el arroz y Juan Gangá, feliz, pensó que había llegado el momento de mostrarle su obra a Viviana Angola y de empezar a recoger, se le presentó un Mono y le dijo:
—«Juan Gangá, el arroz está maduro. ¿Cuándo vas a recogerlo?»

—«Pensaba empezar mañana.»
—«Muy bien; pero no estarás solo, porque este campo lo hemos sembrado los dos y yo tengo derecho a disfrutar de mi trabajo. ¿No es de justicia?»
—«Sí, señor.»
—«Ven mañana con tu gente que yo vendré con los míos. Cien monos me ayudarán. Tú empezarás con los tuyos a recoger por un extremo del campo y yo por el otro con los míos, hasta reunirnos en el medio. Y quien más recoja... ¿No es de justicia?»
—«Sí, señor.»

Aquella tarde Juan Gangá volvió a su casa abatido, silencioso, la color ceniza. No se atrevía, le dolía contarle lo sucedido a Viviana Angola, que cada vez que le oía jactarse de la celeridad con que había desmontado, quemado, arado, hoyado, sembrado su caballería, se limitaba a hacer, ¡hum! Tener que confesarle... Sin embargo, Viviana Angola lo arreglaba todo. ¡Qué viyaya de mujer! Cuando se hablaba de ella todo el mundo decía: «Esa negra vale en oro lo que pesa» o «Esa negra no tiene precio». Y él mismo afirmaba orgulloso, sintiéndose envidiado: «Mi conga vale un congo». No había en toda la tierra más que una sola Viviana Angola... Cierto que Viviana lo reñía y, a veces, hasta lo castigaba lanzándole a la cabeza lo primero que encontraba su mano de más duro; pero no era menos cierto que siempre que se enojaba a ese extremo, Viviana tenía muchísima razón. Y eso no era más que un pronto. Sus cóleras, por muy justificables que fuesen, no podían durar más de unos segundos. Pasado el momento peligroso de la explosión, no le quedaba nada por dentro. Su carácter alegre, chunguero y su corazón tan bueno, le hacían perdonar muy pronto. Sí, Viviana lo perdonaba todo, todo. Tenía tanta capacidad para el perdón como para el trabajo y la alegría.

Juan Gangá hubiese dado cualquier cosa por llevarla al campo, mostrarle su arroz granado, demostrarle que no había mentido, que había trabajado cubriéndose de gloria a sus ojos, y decirle:

—«¡Acaba tú!...»

Ahora, no sabía cómo explicarle; pero cuando la negra lo vio tan alicaído y pensativo, de veras, con unos ojos tan murrios clavados en el suelo, remusgó algo serio:

—«¡Juan Gangá, desembuche usté enseguida!»

Y Juan Gangá se lo contó todo.

—«¡Estoy perdido! Perdido. ¡Cien negros buenos no harán en muchos días lo que estos monos son capaces de hacer en unas horas!»

—«Ya veremos cómo se sale del atolladero...» —dijo Viviana Angola. Y como no podía pasar mucho tiempo sin dar en algún motivo de risa —nadie en este mundo se reía con más gusto ni tenía un reir más contagioso—, Viviana Angola celebró a carcajadas la aventura de Juan Gangá.

—«Tú no sabes, Viviana... ¡Esos Monos son de ley, meten cinco y sacan diez!» En fin, Viviana Angola que, habitualmente no andaba, sino corría, salió apresuradamente a comprar unos manojos de cascabeles.

—«¿Cascabeles?»

—«Déjeme usté a mí, que yo sé lo que me hago...»

Luego fue en busca de los hombres que necesitaba para recolectar el arroz. Cincuenta le bastaban si arrimaban el hombro, y los halló.

Seguida de Juan Gangá y de su gente, Viviana Angola, al amanecer de Dios, se presentó en el arrozal. Ya estaban allí los Monos esperando. Se plantó en mitad del campo, entre las dos cuadrillas.

Los negros de una parte, los Monos de otra y en el centro, Viviana Angola. El Mono dio la señal:

—«¡A recoger!»

Las dos cuadrillas se precipitan sobre las siem-

bras. Los Negros no se duermen, pero Juan Gangá tiene razón. Por mucho que se afanen no pueden competir en rapidez con estos Monos. Mientras uno se hace una gavilla, los Monos hacen seis...
Juan Gangá se cruza de brazos.
—«¡Estamos perdidos!»
Pero Viviana Angola no se descorazona. Risueña y vivaracha, empieza a mover hombros y espalda, y se entona:

«Ayelelé tá kundé
Kuna makando munango
¡endile!»

De pronto se oye un lindo y rico sonido que despierta la curiosidad de los Monos laboriosos.
—«¡Escucha!» —se dicen interrumpiendo la faena y aguzando el oído.
Viviana Angola canta...
Se vuelve hacia los hombres y ligeramente levanta la orla de su falda. Luego se vuelve hacia los monos y se alza la falda hasta la cintura. ¡Oh!
—«¡Mira!» —chillan los monos alborotadísimos.
—«¡Mira... pero mira!»
Viviana Angola remece bruscamente las caderas:

«Goringóro-góro-góro-góro...»

—«¡Y además suena!... ¡suena!» se dicen cada vez más asombrados.
—«¿Lo has visto...?»
—«Sí...»
—«Ahora sí lo ví.»
—«Yo también.»
—«¡Oh!»

—«Espera... mira ¡otra vez!»
—«Ahora... fíjate bien... ahora, ahora... ¡oye! ¿y lo ves?»
Viviana Angola se vuelve hacia la cuadrilla de los hombres que trabajan sin cesar. Enseña el tobillo... Los monos, el Jefe, están ahí absortos, mirando... mirando.
Luego Viviana Angola se vuelve hacia ellos; un instante les muestra, un instante no más, aquello que vuelve a sonar tembloroso y rutilando.

«Goringoró-goró-goró-goró:»

Los monos, exaltados y ya en el colmo de una curiosidad insensata, se mueven desordenadamente, sin cesar, saltando de un lado a otro: pero no recogen el arroz. No. Para ver mejor lo que tiene Má Viviana, hacen mil morisquetas y se echan al suelo para alcanzar a ver más.
Unos lanzan chillidos de estupor, otros de júbilo, de impaciencia...
¡Si Viviana Angola quisiese estarse un rato quieta con la falda en alto! ¿Pero qué tiene ahí la Má Viviana que suena y que relumbra?
En tanto las gavillas todas se les habían caído de las manos y los negros se las quitaban.

—«Ayelelé tá kundé
Kuna Makando
¡endile!»

—«¡Mira!»
—«¡Ahora!... ¡ahora!»

«Goringoró-goró-goró-goró.»

—«¡Oh!»
El Jefe, acechando embobado tampoco hace nada,

pendiente de que Viviana Angola, una vez más, levante la falda sin que él llegue a saciar su curiosidad. No perdieron el tiempo los negros.

«Goringoró-goró-goró-goró...»

y los monos se quedaron sin arroz... y sin saber qué escondía, qué fascinaba, qué le sonaba y le brillaba a la Negra Viviana Angola.

CUANDO TRUENA SE QUEMA EL GUANO BENDITO...

Eran doce mujeres embarazadas: las doce mujeres de Fumo.
Parieron el mismo día y a la misma hora. Once parieron varones y Guánkila parió una niña. Una niña tan agraciada que se la llevó, prendado, el Diablo. Y como Guánkila no tenía un hijo que la ayudase en sus quchaceres se valía de los hijos de las demás mujeres; los mandaba al pozo por agua y con frecuencia al mercado.
Las once mujeres protestaron:
—«No queremos que nuestros hijos trabajen para ti. ¡Acaba de parir!»
Un día a Guánkila le faltaba leña y tuvo que ir al monte. Estaba allí en cuclillas juntando unos palos cuando oyó una gran voz que salía de sus entrañas.
—«Póngase en la actitud que acostumbran las mujeres para dar a luz» —le ordenó la voz—. «Bien. Ahora... ¡Kabo Angasi! Párame enseguida».
¡Qué niño tan hermoso, fuerte y talludo vino al mundo en un instante! El recién nacido saltó a una Palma Real y en el cogollo, empinándose arrogante, gritó:

«¡Rúúúúúú!
Yo soy Uafi, Uafi Tiembla-Tiembla Tierra.»

Se lanzó desde lo alto de la palma —«¡bendito sea!», dijo la Palma— e inmediatamente, la impetuosa criatura arrancó unos cuantos árboles gigantescos de hondos y recios raigones y partió contra sus rodillas troncos y ramas con la intención de proveer de leña a su madre. La sentó sobre el haz descomunal y se lo echó a la cabeza.

—«Ahora, vámonos a casa.»

En el camino cruzaron una vaca que iba a su querencia. Uafi la tomó de un cuerno con una mano y se la llevó bajo el brazo.

—«Madre, esta es la gallinita del caldo que vas a beber por haber parido nada menos que a Uafi-Tiembla Tierra.»

Guánkila y su hijo se tendieron a descansar y no se levantaron hasta pasados cuarenta días.

Entonces fue Fumo a conocer a su hijo y Uafi volvió a lanzar el grito que hiende cielo y tierra. Fumo, empavorecido, le ofreció un tabaco y una botella de aguardiente. El niño exigió sal, ají, pimienta y pica pica. Trituró estas especias y las mezcló al aguardiente. Desnudó a su padre y a su madre, los amarró a una palmera, les dio de azotes. Los refregó luego con aquel compuesto y se marchó dejándolos atados y sangrantes al bravo sol, para que rabiaran.

—«¡Oh, Kuandi! ¡Oh, Tatandi! ¿Sabéis por qué hago esto?»

—¿...?

—«Por haberme engendrado.»

Así era Uafi de justiciero en su edad más tierna.

No se había repuesto Guánkila de sus golpes y quemaduras cuando reapareció Uafi y le preguntó:

—«¿Dónde está mi hermana?»

—«Tu hermana se la llevó el Diablo.»

—«Voy a buscarla.»
—«No, Uafi, que tu hermana vive en la tierra del Diablo y el río Menga-Malembo y el Monte Kunfindo-Kuentombo-Füiri, de ningún modo te dejarán acercarte a ella.»
—«No es a mí a quien ahogaría tal río ni estrangularía tal monte.»
Y dicho y hecho: Uafi partió a la tierra del Diablo con un machete y tres güiros. Ya llegó a la ribera del río Menga-Malembo, ancho y profundo de sangre negra, hirviente. Arrojó los tres güiros. Las manos de espuma turbia de Menga-Malembo quisieron apresarlos, pero los güiros brincaron y esquivaron los dedos; ligeros, burlones, saltan, zambullen y beben:

«groníní groníní...»

Luego, escupen el agua lejos, a un lado y otro:

«Propongó-Groníní-Propongó.»

Un pasaje estrecho velozmente se fue abriendo a través de la corriente «groníní-¡propongó! groníní ¡propongó!» Y Uafi cruzó el río por un sendero recto y seco entre las aguas separadas que bullían enfurecidas e impotentes. Pero el Monte-Kunfinde-Kuentombo-Enfuiri, se elevaba hasta el cielo en la otra margen, fosco, horrendo, tan espeso y cerrado, que un hilo de luz no hubiese podido filtrarse por sus marañas.

Uafi haló de su machete:

«Cifra, cifré mi tormenta.
Cifra, cifré...
Ya son las horas, mi tormenta.
Sambianpunga, mal rayo parta
Los troncos malos, mal rayo parta
Mal rayo parta a Kinyúmba-Kisa.»

Y derribó el árbol que el sol no mira, un árbol espantable de fuegos negros, con profundas nidadas de monstruos y misterios que abrió las alas para envolverlo. De Embele, el machete de Uafi, saltó una larga estrella. Silbó, fulgente, tajando la oscuridad eterna del Monte-Konfindo-Kuentombo-Enfuiri.

(Uafi-Tiembla Tierra es el que atraviesa resplandeciendo la tiniebla densa.)

Cuando Uafi pasó, tras él volvió a cerrarse el monte de la noche.

Había llegado a la estancia del Diablo.

Reconoció a su hermana, hermosa, al sol pilando maíz entre varias mujeres y el mazo en el pilón hacía son y todas bailaban pilando. Eran nubes en el cielo de la mañana.

—«Hermana, soy Uafi; vengo a llevarte.»

—«Vete, Uafi, huye, que vas a morir. ¡Mi marido es un Diablo muy malo!»

—«Tu marido es un Diablo merdoso» —y volviéndole la espalda, se dio a fornicar con la madre del Diablo y con todas las diablas que estaban presentes. Luego fue al potrero y le arrancó una crin al mejor caballo del Diablo.

A la hora en que éste solía volver, su hermana lo metió en su aposento y lo ocultó debajo de la cama.

—«Mi Pitiminí, mi niña Pinta Tinta Pirolinta Pitibonita y... Santa, dí, ¿qué huelo?» —apareció y preguntó el Diablo, cuya larga nariz se mueve dócil a todos los vientos y a todos los olores.

—«Ese corazón que traes sangrando en la mano.»

—«¿Qué huelo, niña; mi Pitiminí mi niña, Pinta Tinta Pirolinta Pitibonita y... tonta?»

—«Una ramita de albahaca que tengo en la ventana.»

—«¡Miente, miente mi caralinda! Dí, niña, ¿qué huelo?»

—«El corazón que pena o mi ramita de albahaca contenta.»

—«¡Ni corazón ni albahaca! A carne humana, a carne fres...» —y no pudo decir más, porque Uafi salió de su escondite.

Lo enlazó por el cuello con la crin de su mejor caballo y al cerrarse el nudo tronchó la infernal cabeza.

Uafi clavó en un horcón el cadáver del diablo que abría y cerraba, como un zángano-monito, sus piernas —oscuras, verdes, fosforescentes—, y partió inmediatamente llevándose la casa en hombros y asomada a la ventana a su hermana incomparable que había adorado el diablo.

—«¡Madre, aquí está tu hija!»

Satisfecho, Uafi estiró los brazos y volvió a gritar, produciendo el alarido un temblor de tierra que derribó casi todas las viviendas de Kunánbansatali e hizo caer de espaldas al rey Gumbobiolo.

—«Uafi es un peligro» —se dijo el rey mal repuesto del susto—. «Hay que matarlo». Y envió a Masolari, el Jefe de la guerra, que lo apresara. Pero Uafi se había enamorado de una mujer que vivía muy distante, la ardiente Diángora, y se hallaba al otro extremo del mundo o del cielo. Casó con ella e instantáneamente tuvieron un hijo, Kurú. Cuando regresó a casa de sus padres, con su mujer de chispas y su hijo, Uafi tornó a gritar, y su grito rajó una montaña. Gimió la tierra herida en el vientre, vomitando un chorro de piedras.

El pánico se apoderó de todos los mortales.

El rey envió de nuevo a Masolari, esta vez con cien hacheros, a apoderarse de Uafi y darle muerte. Pero ya éste con su mujer y su hijo, cuando llegó a prenderlo Masolari, se hallaba muy lejos jugando a la brisca con el Diablo Musulungo en un pueblo perdido que llaman Papá-Kururú-Kandinga. Musulungo le ganó a Uafi y al día siguiente le brindó el desquite.

Estaban jugando, Diángora sentada a la derecha de Uafi, Kurú a la izquierda y enfrente el Diablo. Uafi volvía la cara a un lado. Le daba un beso a su mujer, miraba su juego. Tiraba. Volvía la cara al lado opuesto; le daba un beso a su hijo y recogía las cartas.

Besó a Kurú y al inclinarse luego para besar a Diángora...

—«Kurú, ¿dónde está Diángora?»

—«En este instante se la ha llevado el cometa que entró y salió con ella por la ventana.»

—«El Cometa con su cola.»

—«¡Arrastro!» —dijo Uafi. Y le ganó el tres de copas al Musulungo con el siete de Oros.

—«¡As de Oros!»

—«¡As de Bastos!»

—«¡Tres de Oros!»

—«¡As de Espada!» Uafi embolsó su dinero.

—«¡Corramos ahora en busca de tu madre!»

—«¿No hay desquite?»

Uafi cortó tres gajos de una mata; se sentó sobre ellos con su hijo en las piernas, cantando:

«Ya yo Kiafo
yo Uafi
Uafi
Ya yo Kiafo.»

Y al canto crecían los gajos y subían al cielo sosteniendo a Uafi y a Kurú.

«¡Rúúúúúú!
«Uafi Tiembla-Tierra
«Tiembla Cielo ya llegó.»

Al oirlo, los Astros temblaban y lloraban de miedo: los Santos —las hembras— se desmayaron; palidecieron los varones valientes y unos se escondieron como ratones en los hondos agujeros celestiales, otros entre las enaguas de las nubes que en revuelto tropel se alejaron espantadas.

En la puerta del Cielo Uafi agarró al viejo Oggún San Pedro.

—«¿Has visto a Diángora?»

—«No» —tartamudeó el clavero en su propósito, equivocado, de no comprometerse.

—«¿Cómo? ¿Eres portero y no ves quién entra?»

Uafi lo sacudió; le apretaba el pescuezo, le apolismaba un fruto movedizo y grueso —una naranja— que tenía el viejo en la garganta.

—«La vi pasar con el cometa y quedé deslumbrado...»

En un instante Uafi recorrió el firmamento; alcanzó al Cometa que huía despavorido; le arrebató a Diángora, le desprendió la cola lumbrosa y bajó a la tierra.

«¡Rúúúúúú!...»

Esta vez cayeron piedras oscuras y lúcidos pedazos de cielo haciéndose añicos.

Un cristal cercenó el brazo del guerrero Fumabata.

—«¡Es Uafi, Uafi que ha roto el cielo!» —dijo el Rey, y de nuevo mandó a sus hombres a prenderlo.

Lo metieron en una nave de muchos remos y, en alta mar, cinco y cinco marineros lo arrojaron al abismo. Uafi se hunde y grita; arriba una tempestad se desmelena; las olas y los vientos se enfrentan y discuten furiosos, mientras en lo profundo, en una quietud silente, Uafi encuentra a la mujer del mar.

Relámpagos de peces en huída cruzan los ojos de Uafi que ase a la Sirena por los cabellos.

—«En la tribu de los muertos, dime, Baluande, ¿cuántos familiares tiene el rey Gombobiolo?»

—«Son muchos...»

Ante Uafi, la Sirena, la dueña cruel, implacable, del hondo mar, se está trémula como un hilo de agua inofensiva y dulce; como una fuentecilla superficial...

—«Bórdame en una bandera a todos los muertos del rey». Sumisa la mujer-pez se sienta a bordar.

—«Mañana espérame aquí mismo al medio día.»

Y Uafi está en la playa; Uafi anuncia que viene del fondo del mar con un mensaje del mar para el Rey.

—«Tus muertos quieren verte» —le dice Uafi—. «He aquí la prueba». Y pone en sus manos la preciosa bandera.

El rey lee los signos reverente y al amanecer se embarca con todos los suyos; va a contemplar las sombras de sus antepasados que están en alta mar aguardando su visita.

La Tierra se perdió de vista; la mar brilla suntuosamente tranquila. Al filo del mediodía Uafi llamó a Baluande. La nave se detiene.

—«Ahí te va uno» —y por sorpresa Uafi tomó al rey en brazos y lo arrojó el primero.

«¡Por un pie Kalunga me lleva!»

—«Ahí te va otro» —y le arrojo a la Reina.

«¡Por un pie Kalunga me lleva!»

La Sirena, antes de que llegasen al fondo, los devoraba.

Así quedaron sepulsados en el abismo de las

aguas, el Rey y la Reina, con todos sus hijos, nietos, parientes y cortesanos.

Y apenas le había lanzado a Baluande la última víctima, ya Uafi estaba en su casa.

—«Ahora» —les dijo a Fumo y a Guánkila— «sois los reyes de la Tierra. Yo me voy a gobernar el cielo». E instantáneamente se apoderó de los once hijos de las once mujeres que habían parido al mismo tiempo que su madre, a la par que de las mujeres de éstos y de sus hijos (ya formaban un pueblo numeroso que incorporó al del difunto rey Gombobiolo) y se los dio a Guánkila para que dispusiera de sus vidas a su antojo.

Luego, en los gajos de la planta que su voz hacía elevarse al Cielo, Uafi, Diángora y Kurú, abandonaron la tierra.

Inseparables van siempre juntos por el cielo: adelante el rayo y la centella, en pos el trueno... El trueno que rezonga y le advierte a sus padres:

—«¡Cuidado; que abajo está mi abuelo!»

Abajo, el abuelo, encorvado por los siglos, la cabeza blanca, se estremece y quema un guano bendito.

NOTAS

Desde los primeros días de la colonia, es decir, desde el siglo XVI hasta el 1880, en cantidad que fue en aumento con el desarrollo de la agricultura, se importaron en Cuba esclavos de toda el área vastísima que comprendía la trata en la costa occidental de África. Con el nombre de guineos (piezas de Guinea) llegaron a América negros de todo el golfo, de todas las razas intertropicales de la costa oeste, y además de oriente. En esta isla de fuerte mestizaje, en la que en un momento dado —mediados del pasado siglo— la raza negra excedió en número a la blanca, continúan viviendo inalterables, las religiones, los cultos —aun las lenguas— que el tráfico negrero transplantó a Cuba. Yorubas, los nagos de los franceses, genéricamente conocidos por lucumís: yezas, egbas, eggbados, oyós, yebús, binis, takuas, epás, etc., y congos, cabindos, benguelas, musundos, mundacas, mayombes, loangos, angolas, etc., fueron los que surtieron el mercado cubano en la proporción más considerable. Lucumís y congos: son las dos genealogías predominantes en la población negra de Cuba; sobre todo la lucumí —yoruba— más importante, superior en cultura a la conga. Así sus Orishas y sus Espíritus —N'gangas y N'dokis— babalawos y hechiceros, no han perdido un ápice de autoridad sobre la descendencia criolla de los viejos africanos capturados en guerras intertribales, cazados por los tratantes y vendidos a los blancos en los embarcaderos de la costa; y casi nada o bien poco en el transcurso de un siglo, de su originalidad, de sus caracteres esenciales: Obatalá, Changó, Agayú, Okó, Oké, Oggún, Orula —Ifá—, Ochosi, Ayé, Echu, Oyá, Yemayá, Ochún: los vodús del panteón dabomeyano, de las sectas o «reglas» de Ararás, Mabú, Elegbara, Oddayí, Agróniga, Dairá, Sodyi, Nanáburucú, Frékete, Guesa y las temidas fuerzas de Mayombe, para no hacer la lista demasiado larga, reciben un culto incesante en todo el país; los Orishas ligeramente disfrazados —antaño en tiempos de la colonia y a principios del siglo mucho más que ahora— de Santos Católicos, halladas fácilmente sus equivalencias en el santoral de la iglesia, conviviendo con ésta en la mejor armonía: Obatalá —Nuestro Señor y la Virgen de las Mercedes—; Changó —Santa Bárbara—; Aggayú —San Cristóbal—; Orula (Orúmila) —San Francisco—; Ayé —Babáluayé— San Lázaro—; Echu (Elegguá) —San Antonio, el Anima Sola, Niño de Atocha, de Praga, San Blas, etc., y el Diablo (Echu); Oyá —Nuestra Señora de la Candelaria—; Yemayá —la Virgen de Regla— Ochún —la Caridad del Cobre; etc.

Con los cultos, profundamente enraizados en la entraña religiosa del pueblo, lenguas, músicas, cantos y bailes, nuestros negros —tan apegados por instinto a sus dogmas y recuerdos ancestrales, tan respetuosos de las sombras de sus muertos— conservan un gran caudal de cuentos y leyendas. Existió en Cuba el narrador de cuentos como en todo país que importó africanos, e igual que «en tierra lucumí» o en «tierra conga» un negro, viejo generalmente, o alguna vieja que iba de batey en batey recorriendo los ingenios —el mismo Akpalo yoruba, que iba de pueblo en pueblo—, seguía narrando, teatralmente, para la dotación que se reunía los domingos a escucharle y coreaba los cantos que continuamente interrumpían y sazonaban el relato, las historias de un repertorio inagotable.

Trasladados a otros medios, muchos de estos cuentos también encantaban la infancia de los pequeños blancos, los «oyibó», los «mundele» de la casa de vivienda, o los de la ciudad, los más aristocráticos por cierto, que los aprendían de labios de sus nodrizas negras; estas negras inolvidables para todo blanco bien nacido, por la devoción sin límites, la ciega ternura que profesaban a los amos, y que ejercieron sobre éstos así humildemente, en la sombra, una influencia imborrable. A través del esclavo, por el estilo patriarcal de vida que en las clases altas favorecía la relación estrecha y familiar entre el siervo y el amo; por la unión muy frecuente de individuos de ambas razas en el pueblo bajo; por la bella mulata que con no menos frecuencia penetraba en los hogares de la clase media después de pasar por la vicaría, a cualquier blanco puro... por contaminación o atavismo, algo le queda siempre de negro rezagado en el alma. No puede negarse que Cuba es un país secretamente saturado de tenaces reminiscencias africanas, ni que sus dioses que se esconden en la luz y no se les ve por esto, son negros y la mayoría de sus duendes y casi todos los espíritus que habitan en sus árboles y en sus aguas.

ACHÉ: Página 51.
Gracia, don, alma, poder, santidad, virtud mágica.

AFOCHÉ: Página 51.
Polvos mágicos preparados por el babalawo.

AGUADORES: Página 22.
Eran generalmente lucumís —yorubas— coartados que no querían servir y vendían agua en barriles o pipas que cargaban en carretillas. Iban a proveerse de agua —según cuentan los viejos— a una pila que existía en el barrio del Angel y a otra en el de San Nicolás.

Los domingos, los aguadores, muy «chéveres», presumidos, lucían camisas de seda china abiertas a los lados; ceñían la cintura con una faja de cuero cruzada, con hebilla y abotonadura de oro. Zapatos de charol o glacé. Ganaban muy buen dinero, mas debían darle de estas ganancias un tanto mensual al amo, y así se iban «coartando» poco a poco.

Generalmente los aguadores eran «gente de categoría» en Africa y preferían vender por la calle a servir.

APESTEVÍ: Página 207.
Mujer encargada de cuidar la habitación y los objetos sagrados de Ifá-Orúmila, San Francisco.
Debe ser una hija de Ochún. El Babalawo o adivino tiene obligación de mantenerla mientras viva. La elige Orula. Puede la Apesteví no ser la mujer del Babalawo, pero generalmente lo es. Lleva en la muñeca un collar de cuentas verdes y amarillas (colores de este gran Orisha), llamado Kofá.

APPWÓN. Página 48.

La que inicia el canto y dirige el coro en los «bembés» o «batás» y en la ceremonia del Asiento. «Llamadora de Santo».
Vasallos se dice a los que corean estos cantos.

BABALAWO: Página 204.

El sacerdote de Orula o Ifá de Ifé (San Francisco), el dueño de la adivinación, el Orisha que todo lo ve; «tiene cuatro ojos». Dios de los ciclones y del tiempo. «Padre tiempo». Babalawo, traductor de las respuestas que dan los dioses a los hombres. Es como un consultor a quien se le pide consejo en los momentos difíciles de la vida y que encuentra solución a todo: Leri Kuin, se le llama en lengua, «el que testimonia por la vista».

Elawó, es el babalawo que está a la cabeza del sacerdocio lucumí, el más alto en la jerarquía de los hijos de Orula. El jefe de los babalawos. Le sigue el Olúo.

El babalawo adivina con Kolá, dieciséis semillas de una palma que venía de Africa, árbol muy misterioso que inclina sus ramas al medio día hasta tocar el suelo cuando llega la noche. Sus semillas —«que tienen cuatro ojos»— representan al mismo Ifá.

Emplea Babalawo para adivinar a Okuelé: cadena de metal, generalmente de cobre, aunque puede ser también de plata o de oro; es como un rosario de ocho o diez y seis glorias, hechas de semillas del Kolá importadas de África (como Erú y Tuché) o de pedazos de badana, de semillas de mango, de conchas o pedazos de carapacho de la jicotea. Antiguamente algunos babalawos —nos cuenta un viejo— las confeccionaban con Oboli (?) o con pedazos de diente de elefante que hacían venir directamente de Africa. Okuelé, «la lengua de Ifá» —su mensajero— se entierra, se consagra, se lava con Ewe —yerbas— de este gran Orisha, se le da sangre. Es el oráculo más seguro y decisivo de nuestros lucumís. Se le guarda en un saquito. Sólo el Babalawo tiene derecho de manipularlo y servirse de él para augurar. Después de purificarse las manos y de frotarse las palmas con afoché —polvos blancos hechos del ñame—, el consultante sentado a su derecha, Babalawo toma el rosario u okuelé por el medio con la mano derecha, reza a media voz en lucumí, separa los hilos, de manera que después de ser lanzado sobre la mesa cubierta con tapete blanco —o sobre la estera como se hacía antaño, que es lo procedente—, los dos extremos de la cadena caigan paralelamente, y lee el primer Odún que presenta. Comienza el «registro», la serie de preguntas que plantea al babalawo la primera letra o signo de Ifá y siguientes.

No es necesario apuntar siquiera la enorme influencia que ejerce el babalawo o adivino sobre nuestro pueblo.

BABALOCHA: Página 209.

Sin ceder en importancia el Babalawo, este otro notable personaje de la regla de Ocha, tiene facultad como la Iyalocha para vaticinar por medio de los caracoles —Diloggún—, sistema de adivinación en principio idéntico al de Okuelé, pero que debe confirmar en los casos muy graves o en último término, Ifá.

Diez y ocho componen una mano completa de caracoles, cauris importados del Africa, pero sólo se emplean diez y seis. Según las posiciones en que éstos caen, de frente o de revés, al ser arrojados por el Babalocha, se establecen los vaticinios y hablan distintos Orishas. Se leen hasta trece; catorce, quince, y diez y seis ya pasan a ser oddun de Ifá.

BABALUAYÉ: Página 210.

Catolizado San Lázaro. Es Santo muy venerado y de los más temidos. De los más importantes Fodú (vodú) de la regla Arará. Tiene 21 avatares, a los que se da el nombre de Ayanú. El principal, el que rige a todos los San Lázaro, es Asomayá.

CABALLO DE SANTO: Página 19.

(Omó-Orisha, lucumí. «Perro» o «Yimbi», congo). Se les llama «caballos» a los que son poseídos por el Orisha o dios a que están consagrados. Estos «bajan», se adueñan del cuerpo de su Omó (hijo) y se expresan por su medio. La posesión es un fenómeno muy corriente en nuestro pueblo. En las fiestas de carácter religioso, bembés —toques de tambor—, que se celebran en honor de los Santos lucumís, uno de los fines es precisamente provocar la «caída» (la manifestación) del Orisha, que «baja» en estas ocasiones a divertirse, a bailar y a comunicarse directamente con sus fieles. Esto es, «montado en su caballo», desalojando y sustituyendo el yo del individuo que ha elegido. Así al que le «entra Santo» o «tiene el Santo subido» deja de ser quien es: dentro de él se ha metido, está el Orisha sirviéndose de su organismo y actuando en él como su dueño verdadero.

Algunos Santos u Orishas, los más elevados en la jerarquía divina, «no visitan las cabezas». Otros muy viejos, muy profundos y misteriosos ya no «bajan», pues no queda entre los criollos quienes los comprendan y sean capaces de atenderlos. Elegguá, Oggún, Ochosi, Changó, Babayuayé, Obatalás-guerreros, y las Santas Oyá, Obatalá-la Merced, Yemayá, Oshún, continuamente «tumban», «agarran», «entran» (se posesionan) de sus hijos, Santos tan amigos del baile como Changó y Oshún no tardan mucho en «bajar» cuando el tambor se calienta. Cada Orisha, cada Espíritu Congo, tiene su toque, su canto y su danza. En las ceremonias religiosas, en las fiestas, la bajada del Santo se provoca intencionalmente llamándolos con los cantos, los tambores, la maraca que se agita enardecedora al oído del Omó, apenas éste manifiesta cierta alteración previa a la entrada de la divinidad en su cuerpo.

Pero la posesión puede producirse en cualquier otra circunstancia y espontáneamente. El negro —el hombre más religioso del mundo—, vive en un contacto continuo, casi físico, con sus divinidades. Estas intervienen directamente en todos los actos de su vida, en los más nimios. Le aconsejan, le ordenan, le riñen, le amenazan o castigan; lo amparan, lo salvan o lo consuelan, de viva voz...

KANÁKANA: Página 74.

Saura y Mayimbe-Ensuso, para nuestros congos. Para nuestros lucumís Kanákaná, Kolé-Kolé, Ará-Kolé, Ikolé. Makuaba, para los Ararás Dajome. Es el Aura, la Tiñosa, por tener en la cabeza una pelada roja como los que sufren de tiña, una voraz, repugnante ave de rapiña que se alimenta exclusivamente de animales muertos y de basuras. Negra y no mayor que una gallina, se eleva a gran altura con vuelo pausado y majestuoso. (Es el samuro de Venezuela, el sopilote de Méjico, el chulo del Perú, la chicora de Colombia, el gallinazo de Argentina). A pesar de su evidente asquerosidad, Kanákaná —el empleado más eficaz y concienzudo del ministerio de Salubridad de la Isla—

es un pájaro sagrado, que encargado de una misión salvadora llegó al cielo, habló con Olofi —que lo bendijo, de ahí su calvicie—, y resolvió un tremendo litigio entre Yemayá y la Tierra (o entre el Mar y la Tierra). Mensajero de Olofi.

En una ocasión Olofi le dijo a la Tiñosa: —«Por cuanto dure el Mundo, para todos podrá faltar la carne menos para ti». ¡Y en efecto! Un refrán de congos reza: «Mientras Sambia está en súlo (el cielo) Mayimbe no úrria (come) verde». Se admira sobre todo la vista portentosa de este pájaro.

Las Iyalochas (Sacerdotisas) de Ochún la veneran particularmente. En un episodio de la vida de esta diosa se le llama a Ochún, Ochún-Kolé, y el aura no se le separa. Siempre se le reserva su parte en todos los sacrificios; los intestinos y las patas de las aves se le ofrecen en el tejado de las casas; si la ofrenda es muy considerable se le lleva a un descampado, a la manigua o a cualquier solar o terreno baldío, por pequeño que sea, que esté cubierto de matojos.

Lo mismo los Iworos de la Regla Ocha, que los Mavomberos, Paleros o ganguleros —hechiceros— de Regla conga, todos los negros de Cuba la veneran, y es tradicional y obligatorio rendirle un tributo en las ceremonias. El aura, estrechamente asociada a la muerte —Ikú—, ha de comer a la vez que los muertos y los santos. Para todos es un pájaro sagrado, y de quien el gangulero sabe aprovechar las cualidades sobrenaturales. Kanákaná actúa prodigiosamente en gangas y amuletos, que su virtud, Aché, hace poderosos. No se conoce protección más segura para jugadores, ladrones, hombres de negocios y políticos, como el «resguardo», talismán (makuto), que se construye con cierta piedrecita y ciertos palillos robados de su nido y que el brujo bautiza con agua bendita —Lango Sambia, OmíOlofi: agua de Dios— procedente de la Iglesia católica, bien entendido, y al que da el nombre de Saca-Empeño, porque ha de satisfacer ampliamente todos los deseos de su poseedor. Claro que el «trabajo» u operación mágica que a veces se realiza con el huevo precioso robado también al nido hediendo de la santísima Tiñosa, es dificilísimo de obtener y de los más costosos. Bástele saber al lector, para no faltar a la promesa de discreción que nos exige un viejo y bondadoso instructor, que un huevo de Tiñosa que se retira del nido se puede salcochar todo el tiempo que se quiera: salcochado se restituye al nido y después se observará lo siguiente:

el huevo está fresco como si no se hubiese hervido, pero cuando llega la hora en que el pichón debe romper el cascarón, éste no sale del huevo. Continúe observando pacientemente y todos los días hallará en el nido un objeto distinto. Al fin, encontrará junto al huevo cocido, tres palitos y la pedrezuela (que contiene el poder mágico que busca el hechicero). Gracias a estos tres objetos, el observador verá nacer el pichón del Aura, milagrosamente vuelto por ellos a la vida. ¡Pero cuántos trabajos, qué paciencia y qué destreza para obtener todo esto, para adueñarse de la piedra y los palillos! Primero dar con el nido de Mayimbe, lo cual no es nada fácil («Susún Mayimbe no tiene Enso», la Tiñosa no tiene casa) y luego, después de marcarlo, estarse continuamente al acecho para que el ave venerable no se aperciba de estos manejos y maldiga al temerario. (Las maldiciones de las auras tiñosas son muy temibles, pues producen la tiña.)

Dicen que cuando un pichón de aura tiñosa contempla a un hombre por primera vez, se vomita de asco.

Se hacen hechizos mortales con el huevo embrujado de Kanákaná, y si el santero de filiación conga adquiere la «vista», es decir, la facultad de ver las cosas del otro mundo en el vititi mensu (espejo mágico; el brujo fija la atención, se concentra y «registra» en un pedazo de espejo encajado en la base de un cuerno adornado de cuentas), se lo debe a la tiñosa, como explicaremos con más detalles en otra parte. En fin, para que se tenga idea de su virtud prodigiosa y para no hacer esta nota interminable: al enfermo desahuciado, al moribundo désele sin vacilar el corazón tostado de una tiñosa. Este corazón, inestimable en la magia y en la curandería, sana radicalmente cualquier enfermedad y devuelve la vida al que está a punto de expirar. Sus plumas se ponen siempre en las gangas y son muchos los brujos que tienen en ellas no sólo la cabeza, el corazón y las alas, sino al pájaro completo. Siempre aparece disecado y colgado en la casa del mayombero y del Bokono arará, coronando las Gangas, cazuelas mágicas kimbisas. El brujo siempre tendrá a mano plumas de aura tiñosa. Sus ojos prodigiosos perciben desde una altura incalculable el cuerpo más pequeño tendido en la tierra y cubierto por la maleza, y su olfato jamás la engaña —no se ha dado el caso de que Kanákaná coma un animal que haya sido envenenado. En la bandada de auras hay un médico, Kukufago, éste reconoce al animal muerto, si come los ojos del cadáver, las demás auras lo devoran tranquilas—. Son estas facultades, «gracias», que el hechicero procura incorporarse. El espíritu de Kanákaná que está siempre en las Gangas, impulsa, permite volar casi, a los negros adeptos de algún templo congo que la invocan con un canto... La magia de este canto los suspende del suelo, y pretenden los «Yimbis» de Má-Mayimbe, que sus cuerpos se aligeran al punto de hacerlos casi ingrávidos y de imprimirles una velocidad sobrenatural. Gracias a este canto le era posible a Juan Ñogubá, que fue esclavo, salir del barracón antes de las ocho de la noche, recorrer cinco leguas de camino y regresar fresco a su ingenio antes del amanecer sin que el mayoral hubiese notado su ausencia. El canto dice:

«Sauré volando
Táfú ún
Táfú ún
Sauré volando, etc.»

Los negros giraban y giraban al compás de este estribillo con una velocidad que iba en aumento, los brazos extendidos imitando las alas de las auras.

En resumen: Kanákaná es el pájaro que le habló a Olofi frente a frente. El único pájaro que «entró» en el cielo. El mensajero que sigue llevando los sacrificios de los hombres y que tiene «aché» —gracia— del Ser Supremo.

CANTO: Página 165.

Los «Santos» o los espíritus de Mayombe cuando «montan sus caballos», es decir, se posesionan de sus hijos, se expresan por medio de indirectas. La puya es la forma típica que emplea el Orisha o la Ganga para dirigirse a los «omós» o «empambia» —yimbis—. Es un rasgo característico del modo de expresarse nuestros negros, siempre con rodeos y sugerencias, echando mano a cada paso de un refrán que insinúe lo que prefiere no decir y da a entender.

—«Maritakongo (el espíritu) victoria grande quiero ver», esto es, cura al enfermo, esperamos que demuestres tu poder. «Mango-mangó ta maúro». El mango es el enfermo; el enfermo está maduro, grave. «Mañana son día corobata», es decir, si no le remedia pronto puede morirse mañana. La corbata se refiere al pañuelo con que se suspende la quijada del cadáver. «Diablo cuyere viti colorá». El zacateca o muñidor que antaño, y no muy lejos hasta el año 1910 ó el 15 tal vez, se vestía de rojo con casaca y pantalones cortos.

—«Congo wirikanga gaonani. Congo mató debajo de la ceiba». El hechizo de una ganga, como todas, preparada debajo de la ceiba, es el causante del mal que sufre el enfermo. Pero «abajo laurel» —otro árbol de los más fuertes y brujos— «tengo mi confianza»: confío en el poder de tu ganga para contrarrestar el bilongo o maleficio de que ha sido víctima la persona que se intenta salvar. «Bembo Karire todos los güembos no son uno», en efecto, no todos los espíritus son iguales. El mío es superior... «Burú watata burú nené»: hay que luchar. «Palo yaya» —espíritu del árbol yaya— «yo estaba en el río, desde chiquito aprendí a guerrear»: a hacer brujerías, a defenderme y herir cuando me atacan. Por lo tanto ordeno a los espíritus —las siete palmas— que residen en la ganga y me obedecen, que agarren al endoqui —espíritu— que ha causado el daño. «¿Lué quien talla?»: quién actúa. «Kiyumba» (cráneo). Manda el espíritu del gangulero que opera y le obedece Mayimbe, el espíritu del aura tiñosa. «Soto —en el campo— mayimbe» nunca duerme y Mayimbe nos guía. «Tun guian-guian», Mayimbe y el espíritu de María Batalla y Yangundé, el del palo caoba, —«Yo quiero ver cómo tú enkanga endoqui» —amarrarán, se apoderarán del diablo.

—«Baila Mariquilla, baila». El espíritu de Mariquilla —la ganga— se encarga de perseguir lo malo por el campo, por el cementerio. «Arriba entoto me juran ganga», y lo juran en la tierra de la Ganga, y «rayo parta a lo gangolero», maldecirán a los brujos causantes del mal. «Abri güiri»; abre los ojos, les dice el espíritu a los espíritus que lo secundan. Este llamó a los espíritus kimbisas de los árboles, llamó a los espíritus de mayombe, y como no es posible que el enfermo muera, «si to lo gente se muriera muerto no cabe en la sepultura», la guerra contra el culpable va a comenzar: «la mar va a crecer, el pato va a volar por el río». El mal es muy grave pero tiene remedio, «candela alumbra (quema), sollonga (el agua), apagá»; lo vence. «Yo quiero ver quién so qui manda», es decir, quién puede más que yo. «Wuán guerra va»: a combatir, a deshacer el maleficio. «Wuán guerra muruanda»: la brujería está muy fuerte, sin embargo, «aguántalo con mayombe»; ganará la contienda con una brujería mucho más eficaz aún. «Candela está en la tumba»: el poder del brujo castiga a los espíritus maléficos; y son los espíritus del monte firme, los del palo jurubana, malambo, pasas negras, batalla, etc., los que ahora se enfrentan y luchan, porque la misma brujería que el negro manejaba en África, «lo mismo que yo siembra maní en Angola yo siembra maní en la Habana», las maneja en Cuba. Y «todas las estrellas están juntas», todas estas fuerzas sobrenaturales que lanza y dirige contra el enemigo. «Mariguanga viti colorá», Mariguanga, la centella, el espíritu de la tormenta se viste de rojo para pelear (bregar) y ahora operará a favor del gangulero. Y con Mariguanga, Mamá Umbo —la Caridad del Cobre—, Chola Wengue —la Virgen de Regla—, Mamá Kengue —Nuestra Señora de las Mercedes—, Tata Fundi —San Lázaro—, los Tata Guane —los tres remeros que aparecen en el bote adorando la imagen de la Caridad del Cobre—, Encuyo Guatiriemba —San Pedro, el dios de los hierros, de la vía férrea—, «cimarrón con cimarrón prende cimarrón», quienes emplean las mismas armas que el contrario, y sólo así pueden vencerlo.

—«Dundu yo tá pa Carire»: yo estoy con el diablo, «yo güiri mambo» y ya veo la causa del mal. Y lo conjura, «ñama mayombe, indiambo se va»; las fuerzas que invocó y que le obedecen han hecho huir al diablo —diambo—, las ha sojuzgado a todas y éstas retrocen fugitivas hasta el fin del mundo. «Sacro malongo y a asanturió»: se acabó el diablo —el maleficio—, y «kiauku-kiaku-kiángana», el espíritu que posee el gangulero en trance, lo abandona, vuelve al cementerio o a Guinéa.

COCO: Página 161.

De este fruto se valen los lucumís para adivinar y sus aplicaciones en la magia son innumerables: es un agente indispensable, juega un papel tan importante en la regla de Ocha como el agua; se emplea «trabajado» y pintado para ahuyentar y «romper» la enfermedad. Se raspa, se unta la corteza de cascarilla y se deja debajo de la cama del enfermo. Algunas veces, estos cocos pintados con los colores de algún Orisha —cada Orisha es dueño de un color, de un animal, de un árbol, de una planta, de un metal, de una piedra, de un elemento— se dejan rodando por las casas en función de talismanes o resguardos, que alejan de las moradas las malas influencias.

Si el lector quiere acabar con su mala suerte o con el mal que aqueja a una persona querida o al revés, perjudicar a alguien, rompa un coco en una encrucijada y diga con firmeza y convicción:

«lo mismo que rompo este coco,
rómpase el mal que sufro»

«lo mismo que este coco se desbarata,
rómpase la felicidad de fulano»

Queda a conciencia del que emplee esta sencilla fórmula mágica. Una misma cosa sirve para hacer bien y para hacer mal.

Los Orishas, esencialmente, no son muy exigentes en cuestiones de moral. Pero en honor de la regla lucumí, «daño», en el sentido que da el negro a la palabra, es obra de mayomberos y no de babalawos e iyalochas. (No confundir jamás a un Babalawo con un Mayombero, aunque también éste es hechicero y a veces temible).

El santo lucumí defiende, no ataca injustamente. La función del Babalawo, del dios Orula (Ifá) es la de advertir al género humano los peligros que le amenazan y ayudar a vencerlos —mediante una retribución perfectamente establecida por los mismos dioses.

COMADRE DE PAPELITO: Página 153.

Dice hablando de la importancia exagerada que se le daba en Cuba al compadrazgo, el Licenciado Francisco Barreda y Domingo, autor de un interesantísimo manuscrito del siglo XVIII: «es entre estos Ysleños bínculo tan estrecho que no se puede comparar. Para un compadre no hay nada reserbado, goza de quanta satisfacción y entera libertad es imaginable en las casas de sus compadres, dispone de su amistad como de cosa propia. Al modo si un compadre es hermano de otro en el casamiento, si tiene en la pila o en la confirmación a un hijo suyo ya no se nombran hermanos: el tratamiento de compadre es siempre preferido como más cariñoso y expresibo de íntima amistad».

Más exagerado fue y aún sigue siendo entre los negros el cumplimiento de los sagrados deberes que contraen mutuamente los padrinos con sus ahijados y los padrinos entre sí.

Padrino o madrina de iglesia —de pila—, padrino o madrina de Asiento, en la importante ceremonia de iniciación en la «Regla» o religión lucumí; Konguaco, padrino o madrina de Ganga, en regla de Mayombe o Palo-Monte, que traspasa al iniciado los poderes mágicos, tendrán toda la vida un gran ascendiente sobre el ahijado, que ha de considerarlos lo mismo que a sus padres naturales y comportarse con ellos con igual respeto y sumisión. Los ahijados de Santo en las prácticas de Ocha; el Mayombero que fabrica sus embrujos, jamás prescindirá de su padrino; desaparecidos éstos, el ahijado implorará su protección, rendirá culto a su sombra.

En el compadre o la comadre, Ogure Gúma Gúma, se deposita —por lo menos en principio—, una confianza ilimitada. Con ellos puede contarse para todo. Un buen compadre, consciente del sagrado nexo que ha aceptado, se hará solidario de todos los actos de su compadre. Como la Jutía de nuestra historia.

En los momentos más solemnes, en un «velorio» (duelo) por ejemplo, se observará que el compadre o la comadre del desaparecido tiene la misma importancia, desempeña un papel tan destacado, como el doliente más próximo. Si alguien ofende o perjudica con una mala acción a su compadre, nuestros negros entienden que comete un gravísimo pecado, y las consecuencias pueden ser funestas. Ese penará para morir. En la sepultura, la tierra caerá en sus ojos abiertos... Encompadrar es todavía un solemne y delicado compromiso. «Padre y Madre, Madrina y Padrino, Compadre y Comadre es lo más grande que tiene el hombre en la vida» —afirmaba la Iyalocha Oddedei.

En cuanto a los compadrazgos de papelitos, éstos se hacían por navidades como demostración de simpatía, y era pretexto para obsequiarse mutuamente los amigos. Graciosa costumbre; de muchos años acá completamente desaparecida, que practicaban en toda Cuba pobres y ricos y que la gente vieja del pueblo recuerda con nostalgia. Se elegía, para que lo fuese durante un año, una Comadre o un Compadre. Si a veces, entre varios amigos, la elección era difícil, la suerte decidía: se escribían separadamente sus nombres en fracciones de papel que se plegaban cuidadosamente y se introducían en un recipiente. Allí se revolvían y confundían los papelitos y se escogía uno al azar. A la amiga cuyo nombre aparecía escrito tocábale ser comadre, y en bandeja muy adornada —naturalmente de papeles de colores—, se enviaba un presente que debía ser devuelto y superado. Con el regalo iban unos versos —eran de rigor— en pliego de orla ancha muy labrada; generalmente ramplones.

«En un vaso de cristal
metí la mano y saqué
una comadre muy linda
que jamás olvidaré.»

«Metí la mano y saqué
a ver quién me salía
y me salió por comadre
aquella que más quería.»

En las clases altas, en tiempos de la Colonia, los regalos que se cambiaban en estos comadrazgos eran espléndidos; y con no poca frecuencia lo que se enviaba en la bandeja, entre el floreo de papel, era un negrito o una negrita...

La gente de color, que por temperamento ha de imprimir en todo un carácter religioso, daba una gran importancia al compadre o a la comadre de papelito. En esta ocasión (como en el adorno de los altares de Cruz del mes de mayo), echaba la casa por la ventana. Pero si por fuerza el presente resultaba demasiado modesto, era más primoroso entonces el adorno de papel picado y en los versos iba la excusa:

«Comadre más le mandara
pero el vapor no ha venido
las cosas están muy caras
y todas por un sentido.»

Y como había que excederse en corresponder a la atención de que se era objeto —devolver oro por plata— a menudo se aludía jocosamente al regalo que se esperaba.

«Comadrita no se asuste
cuando lo vea llegar
pues gústele o no le guste
la vuelta me ha de mandar.»

«Comadrita no se apene
ni le haga mal semblante
que si el comadrazgo es poco
la vuelta será bastante.»

Otras veces se gastaban los compadres de papelitos, bromas más o menos subidas de color, como estos dos trinitarios del año 1878:

«Compadrito:
Ahí le mando esa navaja
que se la traje de Londres
para que afeite con ella
aquello que más se esconde.»

y a lo que respondió el Compadre:

«Comadrita:
V. no sabe el susto que yo pasé
que afeitando lo que escondo
un pedazo me llevé.»

En fin, para no hacer demasiado larga esta nota, entre bromas y veras, adquiría el comadrazgo un gran valor sentimental y era uno de los mejores alicientes de las navidades.

CHANGÓ: Página 18.

Después de Obatalá, Changó es el santo más poderoso y más venerable. El más fuerte de los Orishas. Padre de los congos y de los lucumís, el mundo entero lo adora. «¿Quién no tiembla cuando truena?» «En China, es Sanfancón» (son frecuentes en casa de Santeros y Santeras las litografías de Confucio importadas por los comerciantes chinos), y «en todas las naciones de blancos, Changó es Santa Bárbara bendita». Los Mayomberos le llaman Isasi.

Sobre su nacimiento existen dos versiones: en una es hijo carnal de Obatalá (la Virgen de las Mercedes) y en otra, de Yemayá (la Virgen de Regla) y de Aggayú. Producto del pecado, la Virgen de Regla lo abandona y Obatalá lo recoge. Es pues, su madre adoptiva, que lo cría, le regala un collar de cuentas blancas —el color de Obatalá— y rojas, le construye un castillo y le predice que será Obbaiyé, rey del mundo, y asegura que su palabra brillará en todos los tiempos por encima de las palabras de todos los Orishas y que las confirmará Olofi, que le concede al nacer el don de la clarividencia. Changó es el primer adivino. Aparece en la tierra por primera vez en Tákua, y allí lo conocieron por Changó. Abandonó el país perseguido por sus delitos o por líos de mujeres; va a Tápa, donde vive Yemayá, luego, siempre prófugo, a Oyó, donde se llama Bakoso —Obbá Koso, rey de Koso—.

Es el dueño del trueno y de la guerra. Casa con sus dos hermanas, Obbá y Oyá. Obbá es su mujer principal, aunque se separa de ella, porque deseando retenerlo y siguiendo el consejo mal intencionado de Oshún, Obbá se cortó una oreja y se la dio a comer. Sin saberlo, Changó está a punto de cometer adulterio con su propia madre, después de haberlo cometido con Oshún, que se enamora de él en tierra Yeza (donde le llaman Aladó) ignorando que era su sobrino. Changó combate echando fuego por la boca. Es un negro hermoso y arrogante y de un carácter pendenciero e inflamable, como conviene a un dios del fuego y de la guerra. Cuando la cólera lo ciega, sólo Obatalá, su madre adoptiva, puede aplacarlo. «El bravo entre los bravos», se le llama.

Se adora a Changó en la piedra del rayo —Odduara—, que el dios arroja del cielo a la tierra. Vive en la palma real y en ésta se le depositan las ofrendas.

No ignoran los viejos que Changó fue un personaje histórico, un rey africano de carne y hueso, «muy malo» por cierto, que se convirtió en Orisha y se hundió en la tierra con su mujer Oyá y su hermana de leche.

CHICHEREKÚ: Página 38.

Muñecos mágicos de unos 50 centímetros de alto que se tallaban en la madera —preciosa para la brujería— del árbol Cocuyo (Bot. F. Sapotaceas; esp. Sideroxylum confertum, Wright) y a los que el hechicero, mediante una operación misteriosa, infudía vida. Detrás, en la espalda, en una pequeña cavidad, se depositaba el «secreto», es decir, la sustancia mágica de la que emanaban sus poderes. El chicherekú era un servidor del brujo que lo creaba; cumplía fielmente sus órdenes y las misiones que se le encomendaban, naturalmente, eran siempre de un carácter maléfico.

Los brujos echaban a guerrear sus chicherekús. Estos podían armarse de navajas y asesinar al que le señalase su dueño. Andaban a una velocidad increíble. —«Yo los he visto correr como fuegos fatuos»— me asegura un viejo. Muchos son los que juran haberlos visto y les atribuyen un tono de voz muy parecido al de Elegguá, es decir, nasal, y como rasgo muy característico, tenían la boca de un rojo muy encendido. El chicherekú chilla como un niño de pecho, y otras veces su chillido recuerda el de una rana cuando se defiende del majá que intenta tragársela. Hay muchas versiones acerca del chicherekú. No siempre son muñecos de palo, pues el brujo los hacía además con fetos, con recién nacidos muertos que se sacaban de la sepultura el mismo día de enterrarlos. Abundaban en los ingenios, y a veces tenían la misma apariencia de los niños; más de un negro está seguro de haberlo tenido muy cerca cuando pequeño, jugando en el batey o en los barracones, confundidos con otros «kekéres». Eran enteramente igual a un niño de tres a cuatro años todo lo más, con las «pasas» (el cabello) muy encaracoladas y suaves como el terciopelo, y la piel tersa, satinada y negrísima. Así me los describe una morena que pudo ver los jimaguas chicherekús que tenía el gran santero Aniceto Abreu, alias Bejuco, en el traspatio de su casa en la ciudad de Villa Clara. Bejuco, que gozaba de un prestigio indiscutible y a quien la voz popular da como ahijado a algún personaje gubernamental de su época, al igual que los grandes brujos del pasado, tenía sus chicherekús. Así dos negritos en el traspatio, entrevistos desde lejos no es extraño que hubiesen podido transformarse en dos chicherekús para aquella fanática creyente.

El chicherekú no le hacía daño más que al individuo que el brujo le indicaba. Salían a las doce de la noche a cumplir sus órdenes. Recorrían grandes distancias con pasmosa ligereza. Regresaban de madrugada antes de salir el sol. De día el Santero los ataba.

—«¡Hoy los brujos no saben hacer chicherekús». Muchos de mis viejos amigos, tienen la convicción —por haberlo oído a sus mayores—, que los chicherekús vinieron hechos de África; otros no, citando los nombres de algunos negros de nación, brujos africanos —el tata Ñunga, Sabá Caraballo, Tá Rafael, del ingenio Las Cañas—, que los construyeron aquí.

Un chicherekú se hacía del mismo modo que se construyen muchas «prendas», poniendo una palangana debajo de la cama de un moribundo —preparada mágicamente al efecto, se entiende—, para recoger allí su alma en el momento de morir. Esta alma se guardaba en una botella; se le obligaba a pasar al cadáver de un recién nacido o de un muñeco tallado en palo cocuyo. Pretenden los viejos que la operación era larga, delicada, y que no se les enseñó a los criollos, por quienes sentían los africanos puros, el mismo desprecio que hoy sienten los viejos por los negros jóvenes. Así la gente de nación se llevó a la sepultura muchos de sus secretos... Chicherekús abandonados por sus dueños, que acaso la muerte sorprendió sin darles tiempo de recogerlos, los hay diseminados por toda la Isla y siguen atemorizando al negro y al campesino que está expuesto a tropezarlos en su camino, y no deja de oírlos a media noche en el jadeo de algún animal, y de verlos, aun a pleno día, asomando entre las malezas de algún campo solitario.

DIAMBO: Página 33.

El brujo despacha un Diambo (espíritu); el «fúmbi» o espíritu del muerto con quien ha pactado, y le ordena que ataque, persiga y destruya a su víctima, produciéndole el mal que le encomiende su dueño el gangulero.

EBÓ: Página 199.

Sacrificio propiciatorio, ofrenda, dádiva que se hace a los Orishas para conquistar su protección. El Orisha, mediante el Ebó, se compromete a satisfacer el anhelo de quien le implora de este modo.

ENDOQUI: Página 38.

El Ndoqui o Guindoqui, como dicen algunos —otra de las muchas diabluras que cuentan hacían los congos—, era un vampiro que chupaba la sangre de los niños cuando dormían. Andaba como el chicherekú a una velocidad pasmosa, reducido de tamaño y a ras de la tierra. El brujo se vengaba de sus enemigos o se gozaba en causar un mal, ordenando al ndoqui que bebiera la sangre de los niños más saludables y rollizos. Los ndoquis lloraban como los recién nacidos. Volaban. Al menor movimiento huían; si era posible apresarlos, se les quemaba.

Ndoqui —espíritu, fuerza nefasta de una de las «reglas» de Congo— es, como me explica una nonogenaria, exactamente el mismo brujo malvado que sale de su cuerpo y va de noche volando a hacer fechorías. No sólo chupa la sangre de los niños sino la de los adultos. «Ndoqui come gente...» El hígado y el corazón le gustan preferentemente. Esta vieja del antiguo Macurijes me narra con espanto su experiencia de un endoqui. Tenía entonces unos veinte años. Había acompañado a sus dueños a La Habana donde su ama debía dar a luz cerca de su madre medio inválida y que no podía, por este motivo, trasladarse al ingenio en que vivía su hija. Nacida la criatura, mi negra reposaba en el suelo, en una estera, junto a la cama de la señora que dormía con el niño. Dejemos hablar a la negra bozalona. —«Dios Santo Bindito, aprí sojo, yo mirá un candela volando ¡fúu! qui viní pa sima ¡fó-fó-fó-fó! cuando yo grité. Ese era Ndoqui a comese lo angelito y yo epantá». Y me mostraba la piel erizada de sus brazos.

Ndoqui, pues, es el brujo malhechor por excelencia, que sabe abandonar su cuerpo; el terrible Nyaneka de Angola que abunda también entre los yorubas, y que hallamos en todas partes.

IBEYE: Página 17.

Los mellizos. Taéwo o Ainá y Kaínde: San Cosme y San Damián. Hijos de Oyá y de Changó. Están representados por dos muñecos de palo exactamente iguales. Acompañan a su padre, el turbulento Orisha Changó, y tienen mucho ascendiente sobre Obatalá (en este caso la Virgen de las Mercedes, madre adoptiva de Changó, y en otras versiones, madre de todos los Santos). Tienen poder para retrasar la muerte de sus protegidos, «si los Ibeye condenan, Obatalá no absuelve». (Naturalmente, en el consejo de los dioses —Oru—, Obatalá, el rey sentencia.)

El nacimiento de Ibeye es motivo de alegría —aunque no exenta de cierto temor— pues se estima como una merced del cielo. Se les atribuye una gracia sobrehumana. Dios los envía, pero a veces se reserva uno de los dos. Suelen ser —cree el pueblo—, de salud delicada, más frágiles y sensibles que las demás criaturas. Yewa, la diosa de la muerte, que no ama a los niños, a éstos ansía tenerlos en sus brazos. A Taéwo, que es el primero que nace, se le considera menor. Kaínde es el segundo y se le considera el mayor. (El mayor, como muestra de superioridad sobre su hermano más joven, lo envía por delante). El hijo que nace después de los Ibeye, se llama Iddou o Allaguá. Iddou: Iddobé, Iggué si es varón; Alabá —Adyála— si es hembra. Iddobé suele ser yerbero (botánico), curandero. Es zahorí, Adivino de nacimiento como los mellizos divinos. Si **Iddou** o Alabá nace envuelto en el cordón umbilical se le llama Ainá. Si nace encerrado en zurón —que es talismán de valor inapreciable y que debe conservarse toda la vida, aunque sea un pedazo—, Oké. Si nace de pie, es Iyé; en este caso será muy afortunado, trae Aché, buena estrella. El hijo que ya los padres no esperan, el hijo tardío, será un Babarimí; y Abiosé, el que nace un día de fiesta: el veinte de mayo, el primero de enero, etc.

Los Ibeye son objeto de cuidados especiales. No es prudente regañarlos; se entristecen y resuelven marcharse de este mundo. Ni bajo ningún concepto tratar a uno de modo distinto al otro. Si se encelan uno de otro, si uno de los dos advierte la más pequeña diferencia en el cariño de quienes le rodean, se entristece y muere. Los dos deben de recibir exactamente lo mismo. Se bautizan el mismo día y se visten iguales. Son indemnes a la brujería, susceptibles, caprichosos, revoltosos y no debe contrariárseles. El lector puede imaginar el grado de malacrianza que caracteriza habitualmente a estos enviados de los dioses. En fin, si uno de los Ibeye muere, los padres se ven obligados a correr sin pérdida de tiempo a casa del babalawo (el adivino), que hará las «rogaciones» necesarias para obtener que el espíritu del desaparecido no se lleve a su compañero; para fortalecer al Eledá, el Angel custodio del que queda, y éste no lo deje partir y lo defienda. Es lo que se dice un «amarre». En tal caso se amarra el alma, de suerte que no pueda huir en pos del muerto que la llama. Babalawo prepara dos muñecos iguales que conservará siempre el Ibeye superviviente, y al que éste reservará la mitad de todo cuanto le pertenezca lo que dure su estancia en la tierra.

A., una excelente mujer de setenta y pico de años, a los diez y siete meses de nacida perdió a su hermano gemelo. Un muñeco representa al muerto, que varía de indumentaria cada vez que A. renueva su pobre ajuar, y recibe diariamente en un plato diminuto una pequeña porción de su comida. Simbólicamente A. todo lo comparte —aún lo más mínimo— con su hermano. Nunca he observado que olvide, cuando fuma el tabaco con que le obsequio, dejarlo a la mitad y depositarlo encendido en un rincón para que su hermano termine de fumarlo. Si se le regala una golosina no se la comerá entera: un pedazo le corresponde a su hermano, y debo advertir que A. se muere por cualquier golosina. Cuando puede, compra dos fracciones de billetes de lotería con números pares, se entiende, y de las pesetas que gana lavando alguna ropa o haciendo algún mandado, da buena cuenta a su silencioso e invisible compañero, colocando la mitad en un plato al pie de la imagen. Es impresionante el lugar que ocupa en la casa, con todas las exigencias de un ser viviente, la sombra de este hermano inseparable que A. no conoció, presente en cada instante. Y no es éste en lo absoluto un caso insólito. A veces una pequeña silla vacía colgada de la pared en una casa donde no habitan niños, nos indica que pertenece a un Ibeye desaparecido. O bien, que ante una mesa en la que arden dos velas o en el ángulo de una habitación llena de juguetes diminutos, está jugando la sombra de un mellizo.

INSAMBIA (ANGOLA): Página 30.

Dios. El Creador. Se dice también Sambi, Insambi, Sambián, Sambiampúngo o Ensambiapungueles. Es el equivalente en la «regla» Conga, Mayombe o Kimbisa, de Olofi u Olorun en la «regla» de Ocha (Yoruba). Se entiende por «regla» el conjunto de creencias, prácticas religiosas y mágicas importadas de Africa, y que nuestros negros dividen en dos: «regla de ocha» y «regla de palo», sencillamente «regla lucumí» y «regla conga», correspondiendo a los dos grupos de «naciones» que aquí predominaron. Se emplea la palabra «regla» por culto o religión.

IROKO, LA CEIBA: Página 77.

Es, con la Palma Real, trono del dios Changó, el árbol más característico de la Isla y el árbol sagrado por excelencia. A un extremo que cabría preguntarse si es objeto de un culto independiente —culto a la Ceiba— en el que comulgan por igual, con fervor idéntico negros y blancos, si no supiésemos que todos los muertos, los antepasados, todos los Santos africanos —y los católicos—, vienen a ella, inspirando, pues, por asociación, veneración tan profunda.

IYALOCHA: Página 51.

Madre de Santo. La Santera lucumí como también se les llama corrientemente. La sacerdotisa de la «regla» Ocha. La que cuida del Santo que la ha escogido y hace Santo; inicia, «asienta» a los demás a quienes también reclama un Orisha o a los que por motivo de enfermedad se ven obligados a «recibir» a un Santo, que se dedicarán a adorar en adelante, toda la vida, en calidad de hijo o de hija. Este, en recompensa, les librará de la enfermedad o de algún otro quebranto material o moral, que siempre se interpreta como indicio de la voluntad, a veces de la impaciencia, del Santo que los ha elegido. (Ataques, con frecuencia, u otros fenómenos nerviosos. Mala suerte, etc..

La Iyalocha adivina, predice el porvenir por medio de los caracoles, sacrifica (solamente las aves; no puede matar animales de cuatro patas), impone collares, resguardos, talismanes, hace ebo, «lava cabezas» (es decir, refresca el Angel, el Eleddá, un alma que radica en el medio de la cabeza —Erí— o «le da de comer» cuando éste lo necesita). Cura obedeciendo instrucciones directas de los Santos y ha de conocer la virtud de Ewe, las yerbas.

MADRE DE PALO: Página 162.

Palera o Mayombera —como generalmente se llama aquí a los brujos—, Gangulera, «Madre en Ganga». Dueña de una «Prenda o Ganga». Que tiene su cazuela-bruja. Es, como la Iyalocha —santera lucumí—, la santera en «regla» de Congo o Palo Monte.

Ganga se le dice a la cazuela de barro, a la tinaja o al caldero de hierro que contiene el «fundamento», esto es, al espíritu de que es dueña y servidora al mismo tiempo. Un «Fumbi» —muerto—; cráneo (kiyumba) y huesos humanos, tierra, palos y animales constituyen una ganga.

MANDADERO DE LOS EBÓ: Página 211.

Es aquel individuo de la casa del babalawo —o del Bokono arará—, del babalocha o de la iyalocha, y del mayombero o brujo, que lleva, generalmente de noche, a la manigua —o al río si es Oshún quien pide el Ebó; a la orilla del mar si es Yemayá; al cementerio si es Oyá, Ogbá o Nanáburukú; a una colina si es Oké, a una encrucijada si es Echu— la ofrenda o «limpieza» o «despojo» (los diversos objetos, comidas, dinero y animales muertos y vivos que han servido para una purificación) y también los maleficios, bilongos.

El mandadero por lo regular es un ahijado del sacerdote; pero en rigor puede ser cualquiera que goce de toda su confianza. Reciben un «derecho», es decir, una cantidad que tradicionalmente se estipula en $ 1.05, por cumplir esta misión, aunque en aquellas ocasiones en que se trata de un «trabajo grande» y riesgoso —como en el caso en que se hace indispensable depositar a las mismas puertas de la Audiencia, del Juzgado o de los cuarteles, el hechizo del que depende salga victoriosa la persona complicada en algún asunto de justicia o ya en manos de la justicia, o en el de curar una enfermedad— el Orisha, el Espíritu o Ganga dispone que se le pague más, de acuerdo con la importancia de la obra y de las dificultades que ésta ofrece.

El mandadero ha de ser valiente y ha de ser honrado a carta cabal, para que no escamotee el dinero que obligatoriamente acompaña al Ebó. Está expuesto a recoger las malas influencias de los «despojos» que lleva a su destino. Al salir de la casa, en silencio (no puede hablar), se arroja a la calle el agua que colma una jícara hasta los bordes —para refrescar su rumbo— y al volver, aún sin cambiar con nadie una palabra se lava las manos, la cara, el cuello y los brazos en una palangana, o bien se baña enteramente en una batea con omiero, el agua bendita que contiene la virtud de las yerbas de todos los Orishas—. Saluda después a los Orishas y les notifica que ha cumplido sus órdenes.

La purificación, que indica el mismo Santo, según la índole del Ebó que ha llevado, se hace también con aves —que recogen lo malo— carne de cogote, con pescado, o sencillamente con maíz tostado.

Jamás el mandadero vuelve por el mismo camino.

Muchos mandaderos que no tienen cuidado de purificarse o que no cumplen con su deber y se apropian del dinero de los Santos, mueren enloquecidos, víctimas de fuerzas oscuras o castigada su venalidad por las divinidades que ha burlado o desposeído.

OBBARA: Página 53.

Según algunos informantes es uno de los dieciséis Obatalá, es decir, una de las manifestaciones de Obatalá. Según otros de Changó. Obbara es un Oddú o signo de Ifá, que habla en los caracoles y en Okwelé, la cadena con que adivina el babalawo solamente.

ODU: Página 203.

Son los 16 signos, las «letras» de Ifá. En cada Odu habla un Orisha. Estos dieciséis signos capitales dan origen a otros quince signos menores.

OLOFI: Página 11.

Dios (Olodumare) y quiere decir rey, como Alafia, Olofín, Oba, Olofí. Creó el universo, tuvo con su mujer Yemu (otras veces se pronuncia Yimu, la Virgen Purísima), a Obatalá y a los Orishas. Repartió el reino entre sus hijos y se jubiló: vive apartado y lejos de todo. No se le hacen sacrificios. «Los hombres por muy sabios que quieran ser no alcanzan a comprenderlo. No se llega a Olofi directamente, por eso se dirigen a los Orishas —los Santos— que son también todopoderosos, pero que no están tan elevados ni tan lejos. Olofi no baja nunca a la tierra. Todo es poca cosa para él, es indiferente a todo. No hace absolutamente nada ni le preocupa nada; pero sin su voluntad el aire no se atrevería a tocar la hoja de un árbol». «No se mete en nada y se mete en todo, no pide nada y lo tiene todo». Olofi es el padre de Obatalá-Eddégu, que hizo al género humano (este Obatalá es de origen Yéza). Colaborador de Olofi, su heredero, Olofi delegó en él, le entregó el mundo y ordenó que lo adoraran. «Vino al mundo a continuarlo. Es la mano derecha de Olofi, su ejecutor».

Olofi, Ilorun y Olóddumare —el cielo— son términos que nuestros negros suelen emplear en el mismo sentido aludiendo a un principio divino, inaccesible al entendimiento humano: «Olóddumare uán mariqueño»: el Altísimo, que está afuera de todo y en todas las cosas.

Obatalá —el Orishanla— patrón de los lucumís Yebu, es pues el Orisha más importante, y todos los demás acatan su voluntad. Es un Dios de dioses. Zeus. Así «al hijo de Olorun se le llama Obatalá porque gobierna: es Rey, Emperador de todos los Orishas y de todas las criaturas». Le pertenecen las cabezas y todo lo blanco. Hizo cuanto es blanco en el cuerpo humano: los sesos, por ejemplo. Se considera a los albinos como sus hijos legítimos.

ORISHA: Página 18.

Dios de la Mitología Yoruba. Un intermediario entre los hombres y el Ser Supremo. Están representados por piedras; el espíritu del Orisha viene a la piedra —otán—, y en ésta recibe la sangre de los animales que se les sacrifica. Otán, la piedra del Santo, viene a ser el sagrado receptáculo de la divinidad que, una vez sacrificada, «bautizada» (lavada con «omiero» y ungida de aceite de corojo), habita en ella. Morada y emblema del Santo. En ella el espíritu del Orisha absorbe el «Aché» de los alimentos que se le ofrecen, el »Aché» de la vida que contiene la sangre (Eyé).

SARABANDA: Página 103.

San Pedro, portero y clavero del cielo, su equivalente forzosamente había de encontrarlo el negro en el dios de los hierros, Oggún. Sarabanda se llama la Ganga o prenda de la Regla Kimbisa del Cristo del Buen Viaje.

UEMBA O WANGA: Página 34.

Morúmba, Kindamba, Bilongo —en bantu, hechicería—. Se ingiere en polvos que prepara el mayombero —mayombe empolo— que se aspiran en el tabaco o sencillamente en el aire, se disuelven en el café o se mezclan a los alimentos. Una uemba o wánga reducida a polvo —empolo— se esparce por el suelo a la puerta de la casa para que sea pisada inadvertidamente por la persona a quien se quiere dañar, y se introduzca por sorpresa, arteramente, en su organismo; el bilongo, en este caso, ataca por los pies. Pero son innumerables los medios de que se vale el brujo para alcanzar a quien se proponga maleficiar. Las Uembas también se entierran en el umbral de la vivienda; un santo arará (brujo), Asofínigué, cuando un babalawo o un babalocha objeto de los ataques de un enemigo hechicero, descubre el lugar donde se esconde el bilongo, planta sobre éste una bandera blanca. Las alimañas más repulsivas y nocivas, sustancias asquerosas, astillas de troncos y de raíces pulverizadas a las que se añade siempre, como en todo hechizo, una pizca del «fundamento» de la ganga: —tierra de cementerio, huesos, etc.— componen un «bilongo» o morúmba.

INDICE

Pág.

Hay hombres blancos, pardos y negros	11
Se cerraron y volvieron a abrirse los caminos de la Isla	15
El Mosquito zumba en la oreja	25
Cundió brujería mala	30
Jicotea lleva su casa a cuesta, el Majá se arrastra, la Lagartija se pega a la pared	35
El Chivo hiede	44
Obbara miente y no miente	53
Las mujeres se encomiendan al árbol Dagame	55
La tierra le presta al hombre y éste, tarde o temprano, le paga lo que le debe	63
El tiempo combate con el Sol, y la Luna consuela a la tierra	66
El algodón ciega a los pájaros	68
Kanákaná, el Aura Tiñosa, es sagrada e Iroko, la Ceiba, es Divina	74
El Perro perdió su libertad	83
La Gallina de Guinea clama: ¡Pascual, Pascual!	91
El Cangrejo no tiene cabeza	94
Susudamba no se muestra de día	101
El Sabio desconfía de su misma sombra	120

	Pág.
Las mujeres no podían parangonarse con las Ranas ...	138
Brillan los cocuyos en la noche ...	140
Dicen los gangás: «Los grandes no pagan favores de humildes» ...	144
Se dice que no hay hijo feo para su madre ...	147
Esa raya en el lomo de la Jutía ...	153
No se resucita ...	177
El carapacho a heridas de Jicotea ...	186
Las nariguetas de los negros están hechas de fayanca ...	194
Se hace Ebbó ...	199
El Mono perdió el fruto de su trabajo ...	214
Cuando truena se quema el guano bendito	220

www.ingramcontent.com/pod-product-compliance
Lightning Source LLC
Chambersburg PA
CBHW030515080526
44586CB00011B/204